4

Daglig gjennombrudd

Aktiv søkende mot åndelig vekst og full kraft i åndens verden

Tom Arild Fjeld

Daglig gjennombrudd

4

ISBN 978-82-93410-48-5

Daglig gjennombrudd

Daglig gjennombrudd

Daglig gjennombrudd

Daglig gjennombrudd 4

Forfatter: Tom Arild Fjeld
© Tom Arild Fjeld
Utgave: 1- utgave juli 2017
ISBN   978-82-93410-48-5
Tro og visjon forlag
Layout: Frank Håvik
Tekst: Times New Roman 14
Kapittel: Times New Roman 36

Forside tekst av Dr. Morris Cerullo:
"DAILY DEVOTIONAL"
Aimed at SPIRITUAL GROWTH AND TO KEEP FIT IN THE REALM OF THE SPIRIT.
Oversatt til norsk, ved bruk av Strongs concordance of the Bible, fra hebraisk og gresk.

Daglig gjennombrudd

Daglig gjennombrudd

Forord
Dr. Morris Cerullo
Gud sa klart til meg mens jeg ba for deg,
broder Tom, at du skulle skrive en bok til
daglig hengivelse og oppbyggelse. Fordi
Han har lagt i deg det levende Ordet, på en
slik måte, at når det blir tatt imot eller lest,
vil produsere levende bevis individuelt i
livene til dem som tar det i mot i en god tro.

Små stykker og bønner
Kjære brødre og søstre, Herren ba meg si til
broder Tom, at han skulle skrive denne
boken. Han skulle skrive små stykker og
små bønner. Boken skulle deles opp i 4
bøker, med 3 måneder i hver bok, slik at
Hans barn kunne bruke boken som en
veileder dag og natt. Dette for å holde dem
sterke i troen og i livets kamper.
Herren sa til meg, at Han er sterkt med deg
og har gitt deg alt, og lagt i ditt indre det
som trengs for å skrive disse 4 bøkene.
Dette var en sterk instruksjon fra Herren
Gud, gjennom meg til broder Tom. Gud har
lagt så mye ned i den mannen. Jeg vet han
ikke vil feile.
Jeg ber alltid for ham.

Dr. Morris Cerullo

Daglig gjennombrudd

Daglig gjennombrudd

Forord
Tom Arild Fjeld

Herren har bedt min kjære broder Dr.
Morris Cerullo, å si til meg, at jeg skulle
skrive denne boken. Gud Fader hadde før
broder Cerullo sa dette til meg, bedt meg
om å gjøre det. Da broder Cerullo sa jeg
skulle skrive den i små stykker, ble det en
stadfestelse for meg om å skrive denne
boken, så her kommer den.

Dette vil være en bok som daglig vil være
en "bønneassistent og justerings manual",
den kan brukes dag og natt. Denne boken er
skrevet under bønn og konsentrasjon om de
himmelske ting.

Denne boken er skrevet ut fra manuser,
notater, radioprogrammer og Bibel-
undervisnings materiale, jeg har
skrevet/arbeidet med i de siste 40 år. Ikke
noe av dette er brukt i noen av bøkene mine.
Det er ikke mye jeg har fått tatt med av hver
undervisning, men det er en smakebit, som
vil være veiledende for deg.

Denne boken vil gjøre deg sterk i troen og i
livets kamper, og vil hjelpe deg til å leve i
sunnhet i ånd, sjel og legeme i arbeidet for
Herren, i ditt daglige liv.

Daglig gjennombrudd

Dette er en instruksjon fra Gud.
De små bønnene du finner på hver side, be
dem konsentrert i tro og ro mange ganger
om dagen. Gud vil gjøre under i ditt liv,
hver dag.

Tom Arild Fjeld
Forfatteren

Daglig gjennombrudd

Bønn for leserne

Kjære Fader Gud, jeg kommer fram for Deg med alle leserne av denne boken, som jeg ønsker skal være en "åndelig veileder" for alle mine venner. Jeg ønsker at de alle skal få oppleve å komme nær til Ditt hjerte i den Hellige Ånds verden, i ånden. Jeg ønsker de skal få kjenne Din kjærlighet på en slik måte, at alle de åndelige dørene går opp for dem i åpenbaringens forståelse.

Be den lille bønnen hver dag

Be den lille bønnen jeg har for hver dag, etter at du har studert dagens gjennombrudds stykke. Be den av hjertets ønske og hengivelse. Be den rolig til du kjenner den Hellige Ånd griper deg. Den Hellige Ånd vil lede deg lenger og lenger inn i den åndelige verden. Den vil la deg få opplevelser, som vil gi deg all den styrken du trenger for å leve et seirende liv i den fysiske og i den åndelige verden. Ditt liv vil bli helt nytt. Det vil være en drøm som åpenbares. Noe du ikke trodde eksisterte eller trodde var mulig kommer din vei. Alt er mulig med den levende Gud Jehova som vi tilber. Gud velsigne dere i bruken av denne boken, som er fra mitt hjerte til ditt hjerte.

Tom Arild Fjeld, forfatter

Daglig gjennombrudd

Daglig gjennombrudd

Oktober

Innhold

Daglig gjennombrudd

Våg å gjøre
Frimodighetens frukt – hedningene får
evangeliet
Jesus Kristus er i går og i dag den samme, ja
til evig tid
Mirakler i Mesterens fotspor
I gapet
Guds skaperkraft – er din skaperkraft
Du er skapt for storhet
Den forløsende åpenbaringens tro og
autoritet

Daglig gjennombrudd

1. Oktober

Den svake kan bli sterk i troen I
(Dette stykket går over flere dager).

Det er med glede i hjertet jeg begynner å skrive dette stykket. Det er en stor glede å tanke, at den svake kan bli sterk i troen. Så kjære venner, her kommer det.

"Ta dere av den som er svak i troen, uten å sette dere til doms over hans tanker!

Den ene har tro til å ete alt, men den som er svak, eter bare urter.

Den som eter, ringakte ikke den som ikke eter. Og den som ikke eter, dømmer ikke den som eter! For Gud har jo tatt Seg av ham.

Hvem er du som dømmer en fremmed svenn? Han står eller faller for sin egen Herre; dog, han skal bli stående; for Herren er mektig til å holde ham oppe.

Daglig gjennombrudd

Den ene akter en dag fremfor en annen, den andre akter alle dager like; enhver være fullt sikker i sitt eget sinn." *(Rom 14, 1-5)*

Alle kan bli sterke i troen på sitt område
Alle gjenfødte har et mulig potensiale for å få sin tro utviklet, og økt styrke. Vi må alle "strekke" oss mot fylden av det potensialet. Troens styrke i ditt liv, kommer helt an på hva slags plan Gud har med livet ditt.

"Jeg vet på hvem jeg tror, og jeg er viss på at Han er mektig til å ta vare på det som er meg overgitt inntil den dag." *(2 Tim 1, 12)*

Denne uttalelsen kom Timoteus med. Det som ble Timoteus overgitt, kom ikke som i en gavepakke til ham. Dette hadde med en møysommelig, langsiktig prosess i hans liv å gjøre. Troens styrke og visshet vokste frem litt etter litt, etter som Gud ga ham åpenbaring - på de områdene han skulle ha det. Dette foregår alltid parallelt med helliggjørelses-prosessen i livet vårt.

Takk kjære Far,
for enda en mulighet til å komme lenger inn i forståelsen av Dine hemmeligheter. For meg er det et privilegium å få oppleve dette. Amen.

Daglig gjennombrudd

2 Oktober

Den svake kan bli sterk i troen II

«Enhver trenger seg inn i Guds rike med makt». (Matt 11, 12 Luk 16, 16)

Vandringen med Herren for å bli sterkere i troen, er en retningsbestemt, målbevisst vandring.

"For Gud ga oss ikke motløshetens ånd, men krafts, kjærlighets og sindighets ånd." (2 Tim 1, 6-8) (Les alle versene)

Vi ser Paulus hadde staket ut den "troens vandring" han skulle gå, og han gikk målbevisst den veien. Slik er det vi alle må gjøre, den veien Gud leder oss ved tro.

Hvordan oppnådde Paulus den djervhet og tro han hadde?

"Men den time har kommet og er nå, da de som tilber Faderen, skal tilbe Ham i ånd og i sannhet, for det er slike tilbedere Faderen vil ha." (Joh 4, 23)

Daglig gjennombrudd

Troens sansekunnskap
Troens kunnskap gjennom studier, gir deg
ikke troen som vinner seierne.

Det overgitte liv
Et overgitt, ydmykt liv, som søker Herren -
til de hører fra Gud og adlyder Kristi
misjonsbefaling. Det er de som mottar
åpenbaringer, som gjør dem sterke og fullt
visse i sin tro, på sine områder.

*"Så jeg kan få kjenne
(åpenbaringskunnskap) kraften av Hans
oppstandelse og samfunnet med Hans
lidelser, idet jeg blir gjort lik med Ham i
Hans død. " (Fil 3, 10)*

*"Da du var yngre, bandt du selv opp om
deg og gikk dit du ville; men når du er blitt
gammel, skal du rekke ut dine hender, og en
annen skal binde opp om deg og føre deg dit
du ikke vil." (Joh 14-18) (Les alle versene)*

**Det er troen som Gud legger i deg, som
styrer ditt liv, ikke du.**

Kjære Far
Takk for disse meget klare åpenbaringer av
svært nødvendig og alvorlig karakter. Dette
viser jo alvoret i å følge Deg. Takk at Du
leder veien Herre. Amen.

Daglig gjennombrudd

3. Oktober

Den svake kan bli sterk i troen III

Vil du bli sterk i troen, så er tiden nå

"At dere i Ham er gjort rike på alt, på all lære og all kunnskap (åpenbarings kunnskap).

Likesom Kristi vitnesbyrd (martyrium: legge frem håndfaste bevis om at det vi taler er sant), er blitt rotfestet i dere.

Her vokser troens åpenbaring
gjennom å søke Gud og grunne på Hans Ord - og praktiske erfaringer på misjonsfeltet.

«Så at det ikke mangler dere noen nådegave mens dere venter på vår Herre Jesu Kristi åpenbarelse». *(1 Kor 1, 5-7)*

"Forkynn (keruso: offentlig utroper, herold, proklamerer) Ordet, vær rede i tide og

Daglig gjennombrudd

utide. Overbevis, irettesett, forman med all
langmodighet og lære!

For det skal komme en tid da de ikke skal
tåle den sunne lære, men etter sine egne
lyster ta seg selv lærere i hopetall, fordi det
klør dem i øret.

Og de skal snu øret bort fra sannheten og
snu seg til eventyr (omvende seg feil vei)."
(2 Tim 4, 1-4)

En ikke-evangeliserende menighet er en døende menighet

En Guds type fellesskap (eklesia: de som samles på torgene, de utvalgte), er ikke døende, for den er i **troens funksjon fordi den adlyder.**

"Jesus sa: Gå ut i all verden og forkynn
evangeliet for all skapningen.

En evangeliserende menighet (eklesia), vil være levende i troen.

"Deres prøvede tro, som er meget
kostligere enn det forgjengelige gull."
(1 Pet 1, 7)

Daglig gjennombrudd

Takk Jesus,
for denne åpenbarende, klare tale. Takk for
at all Din åpenbaring er lett å forstå, og at
Du står med i min tros lydighetsvandring.
Amen.

Daglig gjennombrudd

Daglig gjennombrudd

4. Oktober

Hvorfor dåpen i den Hellige Ånds kraft?

"Jesus sa: Dere skal få kraft i det den Hellige Ånd kommer over dere, og dere skal være Mine vitner." *(Apg 1, 8)*

Kraft til å utføre Jesu befaling
Disse tegn skal følge dem som tror: I Mitt navn skal de drive ut onde ånder, de skal tale med tunger.

De skal ta slanger i hendene, og om de drikker noe giftig, skal det ikke skade dem. På syke skal de legge sine hender, og de skal bli helbredet." *(Mark 16, 17-18)*

Kraft til å sette menneskeheten fri
Den Hellige Ånds kraft, er den kraft Gud har. Den skal vi bruke til å sette mennesker fri, så verden kan få muligheten til å velge å tro på evangeliets sannhet.

"Jeg Paulus sier dere: Dersom dere lar dere omskjære, så vil Kristus ingenting gagne dere." *(Gal 5, 1)*

Daglig gjennombrudd

Går du tilbake på det du tror, så vil du miste det.

NB! Satan ble ikke beseiret av de troende – Kristus beseiret Satan for de troende!

"Jeg er korsfestet med Kristus, jeg lever ikke lenger selv, men Kristus lever i meg, og det liv jeg nå lever i kjøttet, det lever jeg i troen på Guds Sønn, som elsket meg og ga Seg selv for meg." (Gal 2, 20)

"At hedningene er medarvinger og hører med til legemet og har del i løftet i Kristus Jesus ved evangeliet,

*hvis tjener jeg har blitt etter den Guds nådes gave som er meg gitt ved virksomheten av Hans makt." (Ef 1,4-7)
(Les alle versene)*

La Kristi kraft få virke gjennom ditt liv, som en disippel overgitt til Jesus. La alle mennesker og åndeverdens mørke makter, se og oppleve Kristus og Hans kraft gjennom deg.

Takk kjære Jesus,
for de mulighetene Du har lagt klare for oss
alle, også for meg, til å kunne gå ut og gjøre
Din befaling med de medfølgende tegn.
Takk for at Du har gitt meg kraften til å
kunne gjøre dette. Amen.

Daglig gjennombrudd

5. oktober

Overbevisning med autoritet I

Stefanus
"De valgte Stefanus, en mann full av tro og den Hellige Ånd...
Stefanus var **full av nåde og kraft** - og gjorde undergjerninger og store tegn blant folket.

De var ikke i stand til å stå seg imot den **visdom og den Ånd** *han talte av.*
Og da alle som satt i rådet, stirret på Stefanus, så de **hans ansikt som en engels ansikt.**" *(Apg 6, 5.8.10.15) (Les fra vers 1 og hele kapitlet).*

Apollos
"Men det var en jøde ved navn Apollos, født i Alexandria, en veltalende mann, som kom til Efesus; **han var sterk i Skriftene.**

Han var opplært i Herrens vei, og da han var brennende i ånden, talte og lærte han

Daglig gjennombrudd

grundig om Jesus, enda han bare kjente Johannes dåp.

Og han begynte å tale frimodig i synagogen. Da Priskilla og Akvilas hadde hørt ham, tok de ham til seg og la Guds vei nøyere ut for ham.

For med kraft målbandt han jødene offentlig idet han viste av Skriftene at Jesus er Messias." (Apg 18,24-28)

Paulus

"Og da Paulus la hendene på dem, kom den Hellige Ånd over dem, og de talte med tunger og profetiske ord.

Disse menn var i alt omkring tolv.

Han gikk da inn i synagogen og talte frimodig i tre måneder, idet han holdt samtaler med dem og overbeviste dem om det som hører Guds rike til.

Men da noen forherdet seg og ikke ville tro, og talte ille om Guds vei så mengden hørte på det, da brøt han lag med dem og skilte disiplene fra dem, og holdt daglige samtaler i Tyrannus skole." (Apg 19, 6-19)

Daglig gjennombrudd

Takk Jesus,
at Du lar meg få se inn i autoriteten og
kraften - og at dette også er for meg i dag.
Amen.

Daglig gjennombrudd

6. Oktober

Overbevisning med autoritet II

Du kan ikke lese deg til, eller ta til deg autoritet
Disse få vers fra Apostlenes gjerninger du leste i går, viser et større perspektiv av tid. Den autoritet som Stefanus sto i, den autoritet som Apollos sto i og den autoritet som Paulus sto i, var ikke noe som bare plutselig kom inn i deres liv og begynte å virke!

Født i åpenbaring
Lyset og livet i Guds Ord, fødes inn i våre liv **gjennom åpenbaring.** Det skjer i takt med vår **villighet** til å overgi våre liv til Kristus Jesus, lytte og **adlyde** Guds Ord til oss. Da blir vår karakter formet til å bli mer og mer lik Jesu karakter, ja mer lik vår Fars personlighet. Gjennom disse prosesser fikk disse menn en sterk tro med full visshet, gitt av Gud – og Guds autoritet vokste frem i deres tjeneste.

Daglig gjennombrudd

Åndelig treningsstudio

Utøvelsen av det skrevne Guds Ord gjennom direkte **åpenbaring,** og utøvelsen av Bibelens løfter i praksis (på misjonsfeltet), bygger en sterk karakter i deg. Her må det **praktisk utøvelse** til. Det inkluderer taklinger og konfrontasjoner med sykdommer, demoner, spiritisme, okkultisme og ellers åndelige krefter. Gjennom mange års utøvelse av disse ting, kommer de åndelige erfaringer, trygghet og sterk tro og blir etablert i deg. Samtidig forstår åndeverdenens mørke side og dens aktører, Satan og demonene, hvem du er i Kristus. Din autoritet vokser sterkt fram. Du blir en fryktet Jesus-person i åndens verden!

Du kan ikke ta til deg autoritet – den må fødes inn

"Men også noen av de jødiske åndemanere som for omkring, tok seg fore å nevne den Herre Jesu Kristi navn, over dem som hadde onde ånder, og sa: Jeg maner dere ved den Jesus som Paulus forkynner.

Det var noen sønner av Skevas, en jødisk yppersteprest, syv i tallet, som gjorde dette.

*Men den onde ånden svarte dem: Jesus kjenner jeg, og Paulus vet jeg om; men dere, **hvem er dere?***

Daglig gjennombrudd

*Og mannen som den onde ånd var i, sprang
inn på dem og vant på dem begge to og
overmannet dem, så de måtte fly nakne og
sårede ut av huset."* (Apg 19,13-16)

Her ser du virkeligheten i det å komme inn i
Guds autoritet med sitt liv. Dette er en lang
vei å gå. Og en pris å betale.

Takk kjære Far
Jeg forstår denne virkelighet, at dette ikke
er noe man "prøver på". Det må ligge en tro
til grunn for å gå inn i dette, som vil ta
mange år med kamp og trening på alle
nødvendige områder, for å stå i Åndens
kraft og autoritet i en utfrielsens tjeneste.
Amen.

Daglig gjennombrudd

7. Oktober

Den gamle skapningen er underlagt Satan - den nye skapningen er herre over Satan og demonene

Den gamle skapningen levde i frykten og tvilens område.
Den nye skapningen lever i området av en ny type liv: Livet Zoe.
Det er det nye livet som er født på ny, du har blitt en ny skapning i Kristus Jesus. (2 Kor 5, 17) Ditt tidligere åndsliv, som var blitt urent og syndig på grunn av syndefallet (1 Mos 1, 27), har blitt byttet ut med en helt ny menneskeånd. (2 Kor 5, 17) Du har fått en ny, syndfri menneskeånd, en åpning til kommunikasjon med Gud.

Helliggjørelsen
Men det er et gjerde som må vekk for å få de gode signalene, den gode kontakten med Gud Fader. Det er fornyelsen av vårt sinn. (Rom 12, 2) Sinnet blir ikke født på ny. Sinnet er hovedbasen i sjelen. Alle signaler fra omverdenen kommer inn der via

Daglig gjennombrudd

sansene, i det ikke gjenfødte menneske som ikke er fornyet i sitt sinn.

Alle negative ting tatt inn gjennom sansene, må renses bort gjennom det skrevne Guds Ord, Bibelen. Etter hvert som denne prosessen går framover, fornyes sinnet - og signalene fra Gud når raskere og bedre inn. Likeså signalene fra din ånd til din sjel/sinn. Dette er avleggelsen av kjøttets gjerninger og ikledelsen av Åndens frukter. (Gal 5, 19-22) (Studer versene)

Dersom du tror, skal du se Guds herlighet (Joh 11, 40)

Når disse prosessene går framover i livet ditt, vil din tro bli sterk gjennom åpenbaringen som blir deg til del. Du vil begynne å oppleve Guds fantastiske liv gjennom ditt - til verden rundt deg.

Guds ubegrensethet vil bli en del av deg (Mark 11, 23-24)

Troens liv:
"Den som tror på Sønnen, har livet." (Joh 3, 36)

Hva er evig liv? Det er Guds natur i deg.

Daglig gjennombrudd

Kjære Fader
Takk for det privilegium det er å få komme
inn, litt etter litt, i det området Du har
bestemt for meg, i min tjeneste for Deg.
Amen.

Daglig gjennombrudd

8. Oktober

Kjærlighetens mirakel i deg
I

Evig liv er Guds natur

"Og derved har gitt oss de største og dyreste løfter, for at dere ved dem skulle få del i guddommelig natur, idet dere flyr bort fra fordervelsen i verden, som kommer av lysten." (2 Pet 1, 4)

Evig død er Satans natur

"Tyven, Satan, kom bare for å stjele, myrde og ødelegge." (Joh 10, 10)

Zoe:
Ordet Zoe (Ways Bibeloversettelse) betyr: Drukne i Livets hav, drukne i overflodslivet.

En ny befaling har kommet:

"Bli fylt av Ånden." (Ef 5,18)

Daglig gjennombrudd

Bli fylt av Ånden, bli fylt med Guds natur, kjærlighetsnaturen.

"Gud er kjærlighet. De som ikke elsker, kjenner ikke Gud." *(1 Joh 4, 8)*

"For i Ham bor hele Guddommens fylde legemlig.

Og dere er fylt av Ham, som er hodet for all makt og myndighet."(Kol 2, 9-10)

Vi er fylt av Guds natur!

Kjære Far i himmelen
Dette må være det største av alt, at jeg er fylt av Din kjærlighetsnatur. Takk at jeg kan få leve mitt liv på denne måten hver en dag. Amen.

9. Oktober

Kjærlighetens mirakel i deg II

«For av Hans fylde har vi alle fått, og det nåde over nåde». (Joh 1, 16)

Vi har fått Guds kjærlighetsliv på innsiden av oss
Dette er den nye fødsel som **skjer i vår ånd.** Vi blir nye skapninger i Kristus Jesus her. Det er Guds kjærlighets Ånd som flytter inn. Den er full av kjærlighet, og kommer ut og "bedugger" vår sjel etter hvert som helliggjørelses-prosessen går sin gang i vårt liv. (Rom 12, 2)

"Og vi har kjent og trodd den kjærlighet som Gud har til oss. Gud er kjærlighet, og den som blir i kjærligheten, han blir i Gud, og Gud blir i ham." (1 Joh 4, 16)

Daglig gjennombrudd

Et liv i kjærlighetens kongerike

Vi lever og er, i vårt daglige liv, i Guds natur. Vi lever i kjærlighetens kongerike. Vi er dominert av det riket. Det livet går ut i hver fiber i vår "værelse", i vår ånd, sjel og kropp, som overgitte gjenfødte skapinger i Kristus Jesus.

"I dette er kjærligheten blitt fullkommen hos oss, at vi har frimodighet på dommens dag; for likesom Han er, så er også vi i denne verden.

Frykt er ikke i kjærligheten, men den fullkomne kjærlighet driver frykten ut. For frykt har straffen i seg; men den som frykter, er ikke blitt fullkommen i kjærligheten. " (1 Joh 4, 17-18)

"Han som fridde oss ut av mørkets makt, og satte oss over i Sin elskede Sønns rike."
(Koll 1, 13)

Guds kjærlighets liv, Guds natur bor i oss. Vi har blitt formidlere av Kristi kjærlighet – som bor i oss.

Daglig gjennombrudd

Takk Jesus,
at jeg har et guddommelig, kjærlighetens liv
i meg, som er i min karakter, min sjel. Jeg
har Jesu kjærlighet i min "værelse". Takk
for at mitt liv kan være preget av Din
kjærlighet. Amen.

Daglig gjennombrudd

10. Oktober

Kjærlighetens mirakel i deg III

Dominert av Guds kjærlighet

Når Guds kjærlighet har flyttet inn i oss og dominerer oss, slik at vår adferd er som en guddommelig elskers adferd, og vi taler som en guddommelig elsker ville gjøre: Da har vårt liv kommet på plass.

"Vi er av Gud; den som kjenner Gud, hører oss. Den som ikke er av Gud, hører oss ikke. På dette kjenner vi sannhetens Ånd og villfarelsens ånd." (1 Joh 4, 6)

Vi er av kjærligheten, de som kjenner kjærligheten, vil lytte

Forkynner vi kjærlighetens budskap ut fra vårt hjerte, og vi har en mengde tilhørere - kan to ting skje:

De stolte

Da vil de som ikke vil ha noe med Gud å gjøre, vise motstand - eller gå. De kan ikke kjenne at Gud er der, de vil heller ikke høre det som blir sagt.

Daglig gjennombrudd

De ydmyke

De som kjenner en berøring fra Gud, de vil gjerne høre det som blir sagt. Døren til kjærlighetslivet i Gud er åpen for dem.

"Dere elskede! La oss elske hverandre! For kjærligheten er av Gud, og hver den som elsker, er født av Gud og kjenner Gud." (1 Joh 4, 7)

Kjærligheten er den sterkeste kraften i kosmos. Den lar seg ikke bedra. Den kjenner alt og alle. Den vil bevare ditt liv for evig, hvis du vil.

Kjære Gud Fader

Jeg blir mer og mer begeistret for hver linje jeg leser, og blir mer og mer glad i Deg. Jeg ser den storhet jeg har kommet inn i med Deg, av bare nåde. Amen.

11. Oktober

Ha tro på din egen tro I
(Dette går over to dager).

Mange kristne stoler på andre når et problem kommer deres vei, i stedet for å stole på seg selv. Men begge deler er feil "type tro". Vil leser:

"For alt det som er født av Gud, seirer og overvinner verden. Og dette er den seier som seirer over verden: Vår tro.

**1
Denne type tro utvikles i deg, gjennom åpenbaring du mottar under studier og grunning på Bibelens Ord. Og bønn.**

"Troen kommer av forkynnelsen, og forkynnelsen av Kristi Ord." (Rom 10, 17)

**2
Og gjennom dine personlige erfaringer, ved din lydighet mot Ordet, i praksis på "ditt misjonsfelt". Dine erfaringer av at Guds Ord er sant og fungerer i praksis,**

Daglig gjennombrudd

er dine praktiske åpenbaringer. De er de sterkeste.

"Disse tegn skal følge dem som tror: I Mitt navn skal de drive ut onde ånder, de skal tale med andre tunger.

De skal ta slanger i hender, og om de drikker noe giftig, skal det ikke skade dem. På syke skal de lege sine hender, og de skal bli helbredet.

Paulus tar farvel med de eldste i Efesus:
Og nå overgir jeg dere til Gud og Hans nådes Ord, Han som er mektig til å oppbygge dere og gi dere arvelodd blant alle dem som er blitt helliget." (Apg 20, 32)

Ordet gir deg troens fulle visshet når det praktiseres - og du ser Gud virke gjennom deg med styrke. Du ser arvens bevis gjennom deg selv. Du vet du har arveloddet. Din tro blir sterk på dine **erfarte** områder av Guds Ord igjennom ditt liv.

Takk kjære Far,
for at Du viser meg enkelt hvordan jeg kan utøve dette og få mine egne åpenbaringer som gir meg troens fulle visshet. Amen.

Daglig gjennombrudd

12. Oktober

Ha tro på din egen tro   II

"Det er ingen fordømmelse for den som er i Kristus Jesus." (Rom 8, 1)

"Dersom vårt hjerte ikke fordømmer oss, da har vi frimodighet for Gud." (1 Joh 3, 21)

Du har blitt en overbevist seierherre i Kristus Jesus. Har du denne frimodigheten, da er din tro også i vekst. Åpenbaringene gjør deg også frimodig og djerv, når troen utvikler full visshet.

"Du vet på hvem du tror." (2 Tim 1, 12)

"Jesus sa til Sine disipler: Dersom dere blir i Meg, og Mine Ord blir i dere, da be om hva dere vil, og dere skal få det." (Joh 15, 7)

"Men vær Ordets gjørere (poet, proklamatør, herold), og ikke bare dets hørere, idet dere dårer dere selv. (Jak 1, 22-25) (Les alle versene)

Daglig gjennombrudd

Fjell av vanskeligheter rundt deg, bekymrer deg ikke mer. Det som teller for deg, er hva som er i deg, og virker gjennom deg.

"Jeg vet på hvem jeg tror." *(2 Tim 1, 12)*

Kristus er min klippe - og klippen er i meg.

Takk kjære Far,
for den soliditeten det er i mitt liv på grunn av Deg. Takk Gud at Du er Jehova, Skaperen av alle ting, opphavet til alt som er. Amen.

13. Oktober

Den Gudgitte autoriteten i deg   I

"Disse som oppvigler hele verden, er også kommet hit." *(Apg 17, 6)*

Livet i troens fulle visshet
Gjenfødte, som lever i troens fulle visshet på Kristi seier på Golgata, er bærere av den himmelske kraften, den Hellige Ånds kraft. Nettopp fordi de lever i troens fulle visshet, på det de har i seg fra Herren.
Det gjør at demonene reagerer når denne type mennesker kommer.
Er du bærer av kraften, behøver du ikke si et ord. Satan og demonene gjenkjenner øyeblikkelig Guds kraft, den Hellige Ånd i deg.

Paulus opplevelse med "kvinnen med spådomsånden." (Apg 16, 16-18)

"Stefanus opplevelse da han ble stilt for rådet." (Apg 6, 10.15)

Daglig gjennombrudd

Fri i troens fulle visshet

Reaksjonene skjedde ikke på grunn av dem
som personer, men på grunn av Han som
var i dem. De var fulle av den Hellige Ånds
kraft, og de var frie i troens fulle visshet.
Den kombinasjonen frigjør den Hellige
Ånds kraft i deg.
Som med Jesus da Han kom ut av båten til
Gerasenernes bygd.

*"Da kom det straks mot Ham ut av gravene,
en mann som var besatt av en uren ånd.*

*Og da han så Jesus langt borte, løp han til
og falt ned for Ham,*

*og ropte med høy røst: Hva har jeg med
Deg å gjøre, Jesus, Du den høyeste Guds
Sønn? Jeg besverger Deg ved Gud at du
ikke må pine meg!" (Mark 55, 7)*

Dette opplever jeg alltid i møtene verden
rundt, når jeg begynner å tale på kampanjer,
begynner demonene å manifestere seg. De
kommer med trusler og til og med fysiske
angrep. Dette er hverdagen til de som lever i
den bevisste Hellige Ånds kraft i seg.
**Dette er virksomheten av den Gudgitte
autoriteten i deg.**

Daglig gjennombrudd

Kjære Far
Takk for at mine øyne blir åpnet og jeg ser mulighetene for å nå nye mål jeg har tro for. Jeg vil gå etter de målene Du gir - og har gitt meg. Amen.

Daglig gjennombrudd

14. Oktober

Den Gudgitte autoriteten i deg II

Paulus

"Paulus sa til Timoteus: Jeg vet på hvem jeg tror." (2 Tim 1, 12)

Stefanus

"Stefanus, en mann full av tro og den Hellige Ånd." (Apg 7, 56 -57)

Krig i åndens verden

Jeg har også opplevd angrep på hotell jeg har bodd. Da trusselen kom til hotellet, torde ikke misjonærer som bodde der, å bo der lenger. De forlot hotellet. Angrep kom, men ble stoppet.

Angrep på vei til møter har det vært ved flere anledninger. Det har vært slått med lange stokker på bilen jeg har ankommet møtene med. Og skyting med maskinpistoler på hotellet jeg har bodd. Det har vært arrestasjoner og forhør. Mye mer kunne sies, men det blir vanskeligheter når du er full av den Hellige Ånd.

Daglig gjennombrudd

Dette er en del av det å være en åndsfylt, trosbevisst, gjenfødt kristen.
Når vi vet Kristus er i oss, da vil våre omstendigheter forandre seg.

Vi er omstendighetenes herrer i Jesu navn
Satan hater oss. Dette er krig i åndens verden.

"Gud sa: Hvert sted dere setter deres fot på, gir Jeg dere.

Ingen skal kunne stå seg imot deg, alle ditt livs dager.

Vær frimodig og sterk." (Jos 1, 3.5.6)

"Jesus sa: Hvis det er ved Guds Ånd Jeg kaster ut de onde ånder, da har jo Guds rike kommet til dere." (Matt 12, 8)

Hvor vi enn er, med Ham i oss, der er Kongerikets autoritet. Vi har autoriteten i oss.

Dette er i oss
"Av barns og diebarns munn har Du grunnfestet en makt for Dine motstanderes skyld, for å stoppe munnen på fienden og den hevngjerrige." (Salme 8, 3)

Daglig gjennombrudd

"Jeg formår alt i Ham som gjør meg sterk."
(Fil 4, 13)

"Sannelig sier Jeg dere: Den som tror på
Meg, han skal også gjøre de gjerninger Jeg
gjør; og han skal gjøre større enn disse; for
Jeg går til Min Far." *(Joh 14, 12-14) (Les*
alle vers)

Den Gudgitte autoriteten er i deg.

Takk kjære Far,
for den overvinnende kraften vi er gitt i Ditt
navn, når vi har Deg som Herre, og tror det
vi har i Deg. Da vil Din autoritet være med
oss i Jesu navn. Amen.

Daglig gjennombrudd

15. Oktober

Et menneske med tro og kraft   I

Hvordan kan et vanlig menneske bruke Guds mirakuløse tro og kraft?

Det gjøres ved å ta de rette valgene.

Den rike mann og Lasarus

"Jeg har fem brødre, send den rike mannen til min fars hus, så han kan vitne for dem, så ikke også de skal komme til dette pinens sted.

Men Abraham sier til ham: De har Moses og profetene; la dem høre dem!

Men han sa: Nei, fader Abraham! Men om noen fra de døde kommer til dem, da omvender de seg.

Men han sa til ham: Hører de ikke Moses og profetene, da vil de heller ikke tro om noen står opp ifra de døde." (Luk 16, 27 - 31)

Daglig gjennombrudd

Den rike mann som hadde gått fortapt
spurte Abraham om ikke noen fra de døde
kunne gå og vitne for familien hans, så de
slapp å komme til dette pinens sted. Men vi
ser i vers 31 hva svaret ble.

Forherdet
Dette er også mine erfaringer fra verden
rundt. Det hjelper ikke med guddommelige
inngripen, hvis ditt indre menneske er
forherdet. Er det forherdet, så vil de ikke ha
noe med evangeliet å gjøre.

Vandre i Ånden
*"Vandre i Ånden, så skal dere ikke
fullbyrde kjøttets begjæringer.*

*For kjøttet begjærer imot Ånden og Ånden
imot kjøttet; de står hverandre imot, så dere
ikke skal gjøre det dere vil." (Gal 5, 16-17)*

**Vandrer du i sansenes verden og
aksepterer kun det? Da har ingen
mulighet til å leve et liv i Guds mirakler.**

Takk kjære Far,
for Din veiledning inn i livet i Dine
mirakler. Jeg forstår at selvdisiplin er det
som må til, for å få lagt ned sitt eget. Å ikle
seg det åndelige er det som må til. Amen.

16. Oktober

Et menneske med tro og kraft II

Vandre i Ånden, vandre i Guds verden, vandre i Guds mirakelbok, Bibelen.

"Jesus sa: Det er Ånden som gjør levende, kjøttet hjelper ingenting. De Ord Jeg har talt til dere, er ånd og er liv." (Joh 6, 63)

Bibelens Ord, vil kun være en teori for oss, hvis det ikke er **åpenbart ved den Hellige Ånd.** Det er det levende, stadfestede i vår midte, i den fysiske verden vi presenterer. Sammen med fylde og en autoritet av den Hellige Ånd, som alle dem som hører oss tale, vil oppleve.

"Paulus sa: For den som sår i sitt kjøtt, skal høste fordervelse av kjøttet; men den som sår i Ånden, skal høste evig liv av Ånden." (Gal 6, 8)

Vi sår Åndens Ord ut, det skaper rent liv og ikke fordervelse.

Daglig gjennombrudd

"Jesus sa: Den som tror på Meg som Skriften har sagt, av hans liv skal det renne strømmer av levende vann." *(Joh 7, 38)* (Bibelverset er korrigert fra gresk).

Når vi tror på Kristus på den måten Bibelen sier (i Rom 10, 9), legger vi til rette for strømmer av levende vann. Vi kan leve fra nå av og i all evighet i Guds overnaturlige tilværelse.

Vandre i Ordet, vandre i Ånden, vandre i Guds åpenbarte Ord til deg.

Kjære Far
Jeg kan kjenne i mitt indre at jeg vokser i forståelse gjennom disse daglige studier. Takk for den muligheten jeg har til å få leve det livet Du har bestemt for meg. Amen

17. Oktober

I deg - gjennom deg

"Salmisten sier: Han sendte Sitt Ord og helbredet dem, og reddet dem fra sine graver." (Salme 107, 20)

Nå vil Gud Jehova sende Sitt eget Ord gjennom deg. Han vil tale Sitt Ord gjennom deg, til omstendighetene i livet i den fysiske verden.
Aksepter ingenting annet enn Guds Ord over dine lepper.

Bibelen deklarerer: *"Ved Hans sår har du fått legedom." (Jes 53, 5)*

Hvis omstendighetene sier noe annet, så taler vi imot omstendighetene.

Bibelen deklarerer: *"Og min Gud skal etter Sin rikdom fylle all deres trang i herlighet i Kristus Jesus." (Fil 4, 19)*

Lever du i fattigdom, taler Guds Ord imot det. Tal Guds Ord imot fattigdommen og for dine behov.

Daglig gjennombrudd

Bibelen deklarerer: «*Ikke at jeg sier dette av trang; for jeg har lært, uansett hvordan min situasjon er, så skal jeg være fri fra omstendighetene*». *(20th Century Translation)*

Vi er ikke avhengige av omstendighetene, vi stoler på Guds Ord

"Men i alt dette vinner vi mer enn seier ved Ham som elsket oss." *(Rom 8, 37)*

I oss og gjennom oss.

Kjære Far
Takk for at Du og Ditt Ord er evig eksisterende. Takk for at jeg er evig eksisterende i Deg. Du er min evige Herre, ikke mine omstendigheter. Amen.

18. Oktober

Kjemp troens gode strid

"Strid troens gode strid, grip det evige liv som du ble kalt til, du som har avlagt den gode bekjennelse for mange vitner." (1 Tim 6, 12)

Den samme dagen Adam og Eva var ulydige mot Gud, og brakte synden inn i verden, kom Gud opp med den evige redningsplanen.

"Da sa Gud Herren til slangen: Fordi du gjorde dette, så skal du være forbannet blant alt feet og blant alle de ville dyr. På din buk skal du krype, og støv skal du ete alle ditt livs dager.

Og jeg vil sette fiendskap imellom deg og kvinnen, og mellom din ætt og hennes ætt; den skal knuse ditt hode, men du skal knuse dens hæl." (1 Mos 3, 14-15)

Den seirende hensikt
Guds plan var allerede klar. Den så frem mot Jesus Kristus, Guds Sønns

Daglig gjennombrudd

forsoningsverk på Golgata kors. Kristus ble
født inn i verden for en seirende hensikt.

Korsets triumf

Satan og demonene så det som skjedde på
Golgata kors, men kunne ingenting gjøre.
Seieren var overlegen. Jesu liv og
avslutning, ble i detalj korrekt gjennomført
etter Bibelens profetier. Satan og demonene
så deres makt ble gjort til intet. De var evig
beseiret.

*"Engelen tok til orde og sa til kvinnene:
Frykt ikke! Jeg vet at dere søker etter Jesus,
den korsfestede.*

*Han er ikke her; Han er oppstanden, som
Han sa. Kom og se stedet hvor Han lå!"*
(Matt 28, 5-6)

Takk kjære Jesus

at Du var villig og levde et liv på jord uten
synd. Og som avslutning reddet Du meg og
hele verden fra evig fortapelse. Takk Jesu at
jeg kan få følge Deg for alltid. Amen.

19. Oktober

Han sto opp igjen - den evige seier var vunnet

Kan du se det? Jesus sto opp på den tredje dag. Døden kunne ikke holde Ham! Jesus er den evig seirende.

"Frykt ikke! Jeg er den første og den siste og den levende; og Jeg var død, og se, Jeg er levende i all evighet. Og Jeg har nøklene til døden og til dødsriket." (Åp 1, 18)

"Og når det forgjengelige er ikledd uforgjengelighet, og dette dødelige er ikledd udødelighet, da oppfylles det Ord som er skrevet: Døden er oppslukt til seier." (1 Kor 15, 54)

Du har fått det samme livets rettigheter, som Kristus vant for deg. Du har seieren, den er din i Ham.

"Paulus sier: For vi er Hans verk, skapt i Kristus Jesus til gode gjerninger, som Gud

*forut har lagt ferdige, for at vi skulle vandre
i dem."* *(Ef 2, 10)*

Jesus Kristus gjorde ingenting for Seg selv,
Han gjorde det for oss.

*"La oss urokkelig holde fast ved
bekjennelsen av vårt håp - for Han er
trofast som ga løftet."* *(Heb 10, 23)*

*"Strid troens gode strid, grip det evige liv,
som du ble kalt til, du som har avlagt den
gode bekjennelse for mange vitner."* *(1 Tim
6, 12)*

Seieren er vår.

Takk kjære Jesus
for Golgataverket og for at Du sto opp fra
de døde den tredje dag. Seieren var vunnet
over Satan, han måtte se sitt nederlag som
ender i ildsjøen. Takk for denne store
redningsaksjon! Amen.

Daglig gjennombrudd

20. Oktober

Hva betyr det å forkynne evangeliet?

"Og dette evangeliet om riket, skal forkynnes over hele jorderiket, til et vitnesbyrd (martyrium) for alle folkeslag, og da skal enden komme." (Matt 24, 14)

Vitne (martyr, gresk) betyr: «En som legger fram håndfaste bevis, på at det han taler er sant». En bevisprodusent.
Den befalingen Jesus ga Sine disipler, var nettopp å gå ut og være bevisprodusenter og forkynne de gode nyheter. De gode nyhetene som var Hans verk på Golgata kors, Hans oppstandelse i fra de døde, og fullkomne seier over Satan for all evighet.

Evangeliet, en Guds kraft til frelse

"Evangeliet er en Guds kraft til frelse, for hver den som tror." (Rom 1, 16)

Det var aldri noe kraft i korset. Kraften ble tilveiebrakt gjennom Mannen som ble naglet til dette korset. Han som var uten synd, tok all verdens synd på Seg og

Daglig gjennombrudd

beseiret synden en gang for all evighet. Han
ga Sitt hellige, rene blod ubesmittet av synd,
som en verdig løsepenge for
menneskehetens synder.

*"Og de har seiret over Satan i kraft av
Lammets blod, Jesu blod og de Ord de
vitnet." (Åp 23, 11)*

*"For så har Gud elsket verden, at Han ga
Sin Sønn, den enbårne, for at hver den som
tror på Ham, ikke skal fortapes, men ha
evig liv." (Joh 3, 16)*

Vi har budskapet til en verden i fortvilelse.
Vi har de gode nyheter: Evangeliet.
**Vi har budskapet om Mannen på Golgata
kors.**

Takk kjære Far,
at Du var villlig til å gi Din eneste Sønn til
redning for menneskeheten. Uten Jesu verk
på Golgata kors, hadde vi alle gått evig
fortapt, takk for forsoningens verk. Amen.

21. Oktober

Den mest revolusjonerende hendelsen i menneskehetens historie

Mange gikk forbi området hvor flere ble korsfestet den dagen. De kikket opp på Jesus, som enda en som ble korsfetet. De visste ikke at de var vitne til **verdenshistoriens viktigste hendelse.** Det var et være eller ikke være, i herlighet eller fortapelse, for all evighet for menneskeheten. Det var Gud selv, Skaperen selv, som ga Sitt liv i Sin Sønn for menneskehetens redning. Skaperen ga Seg selv for skapningen.

"Liksom mange blev forferdet over Ham - så ille tilredt var Han at Han ikke så ut som et menneske, og Hans skikkelse var ikke som andre menneskebarns." (Jes 52, 14)

"Sannelig, våre sykdommer har Han tatt på Seg, og våre piner har Han båret, men vi aktet Ham for plaget, slått av Gud og gjort elendig.

Men Han er såret for våre overtredelser, knust for våre misgjerninger. Straffen lå på

Daglig gjennombrudd

*Ham for at vi skulle ha fred, og ved Hans
sår har vi fått legedom."   (Jes 53, 4-5)*

*"Han avvæpnet maktene og myndighetene
og stilte dem åpenlyst til skue, idet Han
viste Seg som seierherre over dem på
korset." (Koll 2, 15)*

*"Frykt ikke, Jeg er den første og den siste,
og den Levende. Og Jeg var død, og se, Jeg
er levende i all evighet. Og Jeg har nøklene
til døden og dødsriket." (Åp 1, 18)*

**Dette er de gode nyhetene, den
revolusjonerende hendelsen med
evighetens evigheters (kosmos) virkning.**

Dette er budskapet til verden.

Takk kjære Far,
at dette budskapet igjen kan få runge ut til
alle verdens fire hjørner, så Du kan komme
igjen. Jeg vil bli istandsatt for å gjøre min
del av denne oppgaven. Amen.

Daglig gjennombrudd

22. Oktober
Hva forkynte de første kristne?

"Peter sa: La det være tydelig for dere alle, og for hele Israels folk, at ved Jesu Kristi, nasareerens navn, Han som dere korsfestet, Han som Gud oppvakte fra de døde - ved Ham står denne helbredet for deres øyne." *(Apg 4, 10)*

Hva forkynte Filip?

"Filip kom da ned til en by i Samaria og **forkynte Kristus** *for dem.*

Folket ga sanndrektig akt på det som ble sagt av Filip, det de hørte og så de tegn som han gjorde.

For det var mange som hadde urene ånder, og de for ut av dem med høye skrik, og mange verkbrudne og vanføre ble helbredet." *(Apg 8, 5-7)*

Daglig gjennombrudd

Bibelen sier:

"Til evig tid Herre, står Ditt Ord fast i himmelen." (Salme 119, 89)

"Slik skal Mitt Ord være, som går ut av Min munn, det skal ikke vende tomt tilbake til Meg. Men det skal lykkelig utføre det som Jeg sender det til." Jes 55, 11)

"Dere som er gjenfødt, ikke av forgjengelig sæd, men uforgjengelig sæd, ved Guds Ord, som lever og blir." (1 Pet 1, 23)

Se, så gjør Jeg Mine Ord i din munn til en ild." (Jer 5, 14)

Her ser vi hva Ordet konstaterer. Videre ser vi at Filip ikke holdt teologiske utlegginger, han **forkynte Kristus - og Kristus er det levende Ordet.** Og det levende Ordet gjennom Herrens tjenere, utfører det som det blir utsendt til å gjøre - i henhold til Ordet.

Tegn, under og mirakler følger i sporene til en proklamatør av det levende Ordet.

Daglig gjennombrudd

Takk kjære Far,
at Du har latt meg forstå disse tingene
gjennom din åpenbaringskunnskap. Takk at
dette er hva evangeliets virkeligheter er.
Amen.

Daglig gjennombrudd

23. Oktober

Mirakler er for verden

"Paulus sa: Og min tale og forkynnelse var ikke med visdoms (sansekunnskaps) overtalende ord, men med Ånds og krafts bevis." (1 Kor 2, 4)

Ånds bevis
Den karakteren som bygges fram i deg gjennom et overgitt liv til Kristus, fylt med det skrevne Guds Ord som du adlyder, gjør deg til en Kristus-person, et levende bevis blant mennesker.

Krafts bevis
Krafts-bevisene er det Jesus sa disiplene skulle bruke som "bevis-redskaper", når de forkynte evangeliet. Det var helbredelse av de syke, utdrivelse av onde ånder, og de andre overbevisende krafts-bevisene vi ser det Nye Testamentet forteller oss om.

Hør videre hva Bibelen sier:

"Jesus sa: Er det ved Guds Ånd Jeg driver ut de onde ånder, da har jo himlenes rike kommet til dere." (Matt 12, 28)

"Jesus sa: Og når dere går av sted, da forkynn at himlenes rike er kommet nær. Helbred syke, oppvekke de døde, rense spedalske og driv ut onde ånder."
(Matt 10, 7-8)

Kjære Far i himmelen

Jeg begynner å forstå gjennom åpenbaring, det store sammensatte arbeidet som må gjøres for å få dette guddommelige verket i perfekt funksjon. Jeg forstår det er umulig å få en oversikt på dette, uten et liv i åpenbaring fra Deg. Det betyr igjen at jeg må komme i den posisjonen med mitt liv, så jeg kan motta Dine åpenbaringer. Amen.

24. Oktober

Våg å gjøre

Peter og Johannes

"Og nå Herre! Hold øye med deres trusler, og gi Dine tjenere å tale Ditt Ord med all frimodighet." (Apg 4, 29)

Paulus

"Paulus sa: Be også for meg, at det må gis meg Ord når jeg opplater min munn, så jeg med frimodighet kan kunngjøre evangeliets hemmelighet,

for hvis skyld jeg er sendebud i lenker, at jeg må tale med frimodighet derom, slik som jeg bør tale." (Ef 6, 19-20)

Peter og Johannes

"Men da de så Peters og Johannes frimodighet, og fikk vite at de var ulærde og legmenn, undret de seg. Og de kjente dem igjen, at de hadde vært med Jesus." (Apg 4, 13)

Det er interessant å se hvor langt i sitt kristne liv disse brødrene var kommet på

ganske så kort tid, etter forsoningen hadde
skjedd.

Ydmykhet
Det er ikke vanskelig å se at det som står i
disse vers viser den ydmykhet Paulus, Peter
og Johannes har.

Frimodighet
De var frimodige i utgangspunktet, men de
ba om mer frimodighet. Dette viser også
ydmykheten i deres liv. Det viser også at de
hadde forstått hemmeligheten til et stadig
voksende liv i Gud.

Åpenbaring
Peter og Johannes var ulærde. Paulus hadde
mye av en lærer i seg, som igjen måtte
legges ned. De var alle avhengige av
Herrens åpenbaringskunnskap, slik at de
kunne deklarere budskapet med stor
frimodighet.

**Åpenbaring gir kunnskap, kunnskap gir
frimodighet, frimodighet viser troen,
troen bringer resultater.**
Her ser vi at vårt eget ikke kan brukes i det
hele tatt, det må legges helt vekk. Det er hva
Herren har lagt ned i oss som kan brukes.
Ingenting annet. Dette er noe en ikke forstår

før man er der. Så vi ser at brødrene hadde kommet til det punktet i sine liv.

Deres ståsted med Herren ga resultater, men det ga også problemer for dem. Det ene utelukker aldri det andre i evangeliets arbeid.

Kjære Far
Jeg forstår at disse menn ikke forsøkte å unnskylde seg på noe punkt, men hadde derimot forstått den veien de måtte gå. Paulus nevner også at han er «sendebud i lenker», som klart viser at han er drevet av den Hellige Ånd og ikke av sitt eget kjøtt. Takk Far, at jeg kan få følge i Jesu fotspor. Amen.

Daglig gjennombrudd

25. Oktober

Frimodighetens frukt - hedningene får evangeliet

"Da kom de til Cesarea. Og Kornelius hadde kalt sammen sine frender og nærmeste venner og ventet på dem.

Da nå Peter trådte inn, gikk Kornelius ham i møte og falt på kne for hans føtter og tilba ham.

Men Peter reiste ham opp og sa: Stå opp! Også jeg er et menneske." (Apg 10, 24-26) (Les hele kapitlet)

Frimodigheten har stor lønn
Her ser vi Peter komme til hedningene, og de første hedninger gir sine liv til Jesus som sin Frelser. Vi ser Peters frimodighet, som har årsak i det jeg nevnte i går. Vi ser den sanne frimodigheten, den som er fra Herren, gir lønn. Her falt den Hellige Ånd på alle hedningene i huset.

Videre ser vi Paulus og Barnabas taler i Ikonium

Daglig gjennombrudd

"De ble nå en lang tid der og talte frimodig i Herren, som ga Sitt nådesord vitnesbyrd, idet **Han** *lot tegn og under skje* **ved deres hender.**

Og mengden i byen delte seg; noen holdt med jødene og andre med apostlene." (Apg 14, 3-4)

Tegn, under og motstand følges ad

Slik vil det alltid være der det er frimodig proklamasjon. På den ene siden skjer den guddommelige inngripen med tegn og under - og på den andre siden kommer motstanden. De tegn og under som skjer er åndelige, utført av den Hellige Ånd. Motstanden som virker menneskelig nok, er et resultat av Satans åndelige tanker - inn i sinnene på dem som ikke var så begeistret for det som skjedde gjennom brødrene. De stilte seg da åpne for bruk av Satan. Så vi ser den åndelige krigen har vært i gang siden dag en, etter Jesu seier på Golgata kors.

"Paulus gikk da inn i synagogen og talte frimodig i tre måneder, idet Han holdt samtaler med dem og overbeviste dem om det som hører Guds rike til."
(Apg 19, 7-8)

Daglig gjennombrudd

Det er alltid bevegelse der evangeliet går fram.

Kjære Far
Jeg takker Deg for all den forståelsen jeg mottar gjennom disse daglige undervisninger, og at jeg kan få lov til å bli en del av evangeliets virkelighet. Jeg forstår det vil koste meg alt, men det er verdt mer enn det. Amen.

Daglig gjennombrudd

26. Oktober

Jesus Kristus er i går og i dag den samme, ja til evig tid

"Jesus Kristus er i går og i dag den samme, ja til evig tid." (Heb 13, 8)

Forkynne Kristus
Her ser vi det er forkynnelsen om Kristus og Hans forsoningsverk på Golgata kors som er det eneste som skal forkynnes. Ingen annen forkynnelse har med evighetens virkeligheter å gjøre. Dette er sann kristendom.

Ikke om Kristus
Forkynner vi **om** Kristus, forkynner vi lære om en Jesus som en gang var. Det blir historiske fortellinger utarbeidet av sansekunnskapen. Det høres sikkert fint ut, men det er ikke livet. Livet er ikke **om** Kristus, **livet er Kristus.**

"Jesus sier: Jeg har kommet ned fra himmelen, ikke for å gjøre Min vilje, men for å gjøre Hans vilje som har sendt Meg." (Joh 6, 38)

Daglig gjennombrudd

Hvorfor måtte Jesus Kristus komme?

Skapte ikke Gud alt etter Sin vilje, perfekt?
Før syndefallet var det ingen sykdom,
fattigdom, ondskap, nød. Da var det liv og
liv i overflod. Men med Adam og Evas
ulydighet mot Gud, kom synden inn i
verden som en døråpner for Satans
aktiviteter - som alt ledet mot død.

Kristus kom for å bringe oss tilbake til livet i overflod

Og det gjorde Han gjennom Sitt
forsoningsverk på Golgata kors.

*"Han som forlater alle dine synder, som
leger alle dine sykdommer."(Salme 103, 3)*

Det som var Guds vilje den gangen, er Guds
vilje nå.

*"Jesus Kristus er i går og i dag den samme,
ja til evig tid." (Heb 13, 8)*

Takk kjære Jesus,

at Du var villig til å utføre denne oppgaven
for menneskeheten. Jeg vet Du ikke måtte
gjøre det, men Du gjorde det av kjærlighet
til menneskeheten. Takk for at Du var villig
- og gjorde det. Amen.

Daglig gjennombrudd

27. Oktober

Mirakler i Mesterens fotspor

"En synagogeforstander falt ned for Jesus og sa: Min datter er nettopp død, kom og legg din hånd på henne, så vil hun leve.

Da Jesus kom inn i synagogeforstanderens hus, sa han til hopen: Gå bort! Piken er ikke død; hun sover.

Og Jesus gikk omkring i alle byene og landsbyene, og lærte folket i deres synagoger, og forkynte evangeliet om riket og helbredet all sykdom og all skrøpelighet." (Matt 9, 18-33.35) (Les alle versene)

I dette ene kapitlet er det en seiersmarsj av mirakler i Mesterens fotspor. Dette var en vanlig vandring i det overnaturlige for Jesus. På mine misjonsreiser verden rundt, ser jeg akkurat det samme skje hver gang. Jesus var et eksempel for oss på alle måter, som vi skal følge etter. Dette er for oss alle.

Daglig gjennombrudd

"For dertil ble også dere kalt, fordi også Kristus led for dere og etterlot dere et eksempel, for at dere skal følge i Hans fotspor." (1 Pet 2, 21)

"Dersom dere blir i Mitt Ord, da er dere i sannhet Mine disipler." (Joh 8, 31)

"Jesus sa: Og disse tegn skal følge dem som tror; i Mitt navn skal de drive ut onde ånder, de skal legge hendene på de syke og de skal bli helbredet." (Mark 16, 17-18)

Dette er for alle Jesu disipler å gjøre i Jesu navn. Dette er din dag til å begynne å virke for Herren i det overnaturlige.

Takk kjære Jesus,
for det kallet Du har gitt til oss alle. Du har bedt oss gå ut og utøve det overnaturlige og Du har også gitt oss kraften vi trenger til å utøve det. Takk Jesus at Du alltid er med. Amen.

28. Oktober

I gapet

"Mange under og tegn ble gjort ved apostlene." (Apg 2, 43)

Mennesker som snakker om at miraklenes tid er forbi, vet ikke hva de snakker om. De flyter over av vantro og motstand mot Gud Jehova og Hans Sønn Jesus Kristus. **Jesus er den samme i dag som Han alltid har vært. Det Han gjorde i Bibelens dager, gjør Han i dag.** De guddommelige inngripener med tegn og under, har jeg opplevd hele mitt voksne liv verden over. Det har ikke vært et møte uten guddommelige innslag.

"Gud, Han som gjør store, uransakelige ting, under uten tall." (Job 5, 9)

"Lovet være Gud Herren, Israels Gud, Han den eneste som gjør undergjerninger." (Salme 72, 18)

"Jeg Herren har ikke forandret Meg." (Mal 3, 6)

Daglig gjennombrudd

"Til evig tid Herre, står Ditt Ord evig fast."
(Salme 119, 89)

Da forstår vi at det ikke er noen
«miraklenes tid», men en **evig
mirakelarbeidende Gud.** Guds natur er
mirakler, og Han lever i oss som er Hans
disipler. Det kommer ingen ny bølge av den
Hellige Ånds kraft. Det har kun vært en stor
bølge, og den startet på pinsefestens dag og
fortsetter til Jesus kommer igjen.

Er du villig til å stå i gapet som en Herrens
helt? Herren trenger akkurat deg til
oppgaven.

*"Jeg søkte blant dem etter en mann som
ville mure opp en mur og stille seg i gapet
for Mitt åsyn til vern for landet, men jeg
fant ingen."* (Esek 22, 30)

*"De ugudelige flyr uten at noen forfølger
dem, men de rettferdige er djerve som
ungløven."* (Ord 28, 1)

Miraklene fungerer ikke automatisk. De
djerve må føre dem fram i sterk tro på
Herrens Ord. Vi kan gjøre det i Herrens
navn.

Daglig gjennombrudd

Kjære Far
Jeg ser virkeligheten, og mulighetene vi
som gjenfødte disipler av Jesus har. Jeg vil
være med i dette Herre. Takk for at Du
leder meg framover når jeg går lydighetens
vei og følger Ditt Ord. Amen.

Daglig gjennombrudd

29. Oktober

Guds skaperkraft - er din skaperkraft

Jehova Shammah er «den Selveksisterende som åpenbare Seg i nuet».

"Da sa Gud: Bli lys, og det ble lys." (1 Mos 1, 3)

*"Gud sendte Moses til Israels folk. Du skal si til folket: **Jeg er**, har sendt meg til dere." (2 Mos 3, 14)*

"Jeg er Alfa og Omega." (Åp 22, 13)

"Jesus sa: De Ord Jeg taler til dere, er ånd og liv." (Joh 6, 63)

"Jesus sa: De Ord Jeg sier til dere, taler Jeg ikke av Meg selv, men Faderen som blir i Meg gjør Sine gjerninger." (Joh 14, 10)

"Han talte og det skjedde, Han bød og det sto der." (Salme 33,7)

Daglig gjennombrudd

Her ser vi den treenige Gud Jehova **talte til eksistens.** Kraften er her nå, og Jesus har bedt oss gå med den! Jesus har også forklart oss hvordan vi skal bruke den. Kraften er din nå.

"Se, nå er frelsens dag." (2 Kor 6, 2)

Det betyr at Guds skaperkraft er den samme nå i dag. Kraften er tilgjengelig for deg nå.

"Dersom dere ber om noe i Mitt navn, i Jesu navn, så vil Jeg gjøre det. Hvis Jeg ikke har det, så vil Jeg skape det." (Fra gresk) (Joh 14, 14)

Dette fungerer når Guds Ord er der, den Hellige Ånd er der - og når det troende mennesket som en disippel er der.

Takk Jesus,
for disse helt klare «opp-i-dagen-mulighetene» gitt oss i Deg. Det er nesten ikke til å forstå at Du ser på meg og alle andre som så viktige, at Du stiller Din skaperkraft til vår disposisjon! Takk Jesus at jeg kan få tilhøre Deg. Du er min evige trygghet. Amen.

Daglig gjennombrudd

30. Oktober

Du er skapt for storhet

Satans tankespråk til mennesker, er at du ikke er noen ting, du får ingenting til, du er ikke brukbar til noen ting, du er dårligere enn andre. Satan sender ut "jantelovs-tanker" som mennesker tar imot. Dette er det motsatte av hva vi er skapt til å være.

"Og Gud sa: La Oss gjøre mennesker i Vårt bilde, etter Vår lignelse.

Og Gud skapte mennesket i Sitt bilde, i Guds bilde skapte Han det; til mann og kvinne skapte Han dem." (1 Mos 1, 26-27)

Gud skapte, formet og dannet mennesket perfekt. De hadde god helse. De levde i fred og harmoni. De levde i et kjærlighetens fellesskap med sin Skaper, Gud Jehova.

"Og Du gjorde ham (mennesket) lite ringer enn Gud, med ære og herlighet kronte du ham.

Daglig gjennombrudd

Du gjorde ham til hersker over Dine henders gjerninger, alt la Du under hans føtter." (Salme 8, 6-7)

"Herren er min hyrde, jeg mangler ingenting." (Salme 23, 1)

Dette er Guds drøm for deg. Slik vil Han at du skal leve. Døren inn til dette livet er åpen for deg.

"Kristus kjøpte oss fri fra lovens forbannelse, idet Han ble en forbannelse for oss. For det er skrevet: Forbannet er hver den som henger på et tre." (Gal 3, 13)

"Jesus sa: Tyven, Satan, kommer bare for å stjele, myrde og ødelegge. Men Jeg har kommet for at dere skal ha liv, og liv i overflod." (Joh 10, 10)

Dette er det som Herren har sagt er det normale for deg - og da er det slik. Et liv i god helse, frelse. Lykke, overflod og fred.

Takk kjære Far,
for denne drømmen av et liv som Du har forberedt for meg. Takk at jeg kan gå inn i dette livet i tro til Deg - og leve i det, slik Ditt Ord viser. Amen.

Daglig gjennombrudd

31. Oktober

Den forløsende åpenbaringens tro og autoritet

"Jesu sa: Dere skal få kraft idet den Hellige Ånd kommer over dere." (Apg 1, 8)

Disse skulle få kraften
Kristi legeme, menigheten (de utvalgte, fellesskapet), dette var de som skulle få kraften!

Gud bruker ingen - uten først å ha gitt dem en opplevelse

Åpenbaring gjennom Bibelen
Du må først ha en opplevelse med Gud. Gud vil gi deg opplevelsen av det levendegjørende Ordet, Bibelen. Gud kan åpenbare Skriften direkte til deg, slik at det du ikke forsto, forstår du nå. **Når du forstår det, så tror du det.** Du har fått en opplevelse, du vet det og du tror det. Når du går ut og forkynner det til andre, vil Gud

Daglig gjennombrudd

bruke deg ut ifra den opplevelsen, den åpenbaringen Han har gitt deg.

Åpenbaring i praktiske erfaringer på misjonsfeltet

Går du ut i tro til Gud og opplever at Herren bruker deg, da får du praktiske erfaringer av at Guds Ords kraft virker i praksis gjennom deg til helbredelser, utdrivelse av onde ånder osv.

Jo flere opplevelser du har, dess sterkere og tryggere blir din tro.

Troen er nøkkelen til å utløse den Hellige Ånds kraft

"Alt er mulig for den som tror." (Mark 9, 23)

Vi prøver ikke å tro. Vi proklamerer det Ordet som er levendegjort for oss gjennom åpenbaring. Dette Ordet tror vi. Denne sterke troen forløser kraften!

Det du ser, det har du. Det du har, er ditt. Det som er ditt, kan du gi til hvem du vil.

Daglig gjennombrudd

Takk kjære Far,
at mine åndelige øyne åpnes mer og mer, på
en helt ny måte. At jeg mer og mer kommer
på den åndelige, offensive siden. Jeg ønsker
å være en soldat i Din arme. Amen.

Daglig gjennombrudd

November

Innhold

Daglig gjennombrudd

Gjenføderen

Helbredelsen fra Kristus

Sykdomsmakter

Bekjennelsens makt

Befest kallet

Veien til frafall I

Veien til frafall II

Å gjøre det umulige mulig

Kraften i Guds Ord

Nå forstår jeg den verden jeg lever i

Den Hellige hemmelighet

Daglig gjennombrudd

1. November
Hvordan behandle demoner? I

(Dette emnet går over noen dager).
"Jesus sa: Herrens Ånd er over Meg, fordi Han har salvet Meg til å forkynne evangeliet for fattige. Han har utsendt Meg for å forkynne fanger at de skal få frihet, og blinde at de skal få syn, for å sette undertrykte i frihet." (Luk 4, 18)

En uttalelse av Jesus i Hans første offentlige tale, som ble holdt i synagogen der Han var oppfostret. Han leste fra profeten Jesaja. Så allerede da kunne vi se Jesu oppgave på jorden.

Jesu program
Evangeliet til de fattige, det er de som skjønner at de trenger hjelp.
Fanger får frihet, (de som er bundet og besatt av sykdommer og åndsmakter, demoner og Satans ånd).
Blinde får syn, fra mørke til lys, fra død til liv i Kristus.
Sette undertrykte i frihet, (de som er undertrykte av demoner i sinn eller legeme).
Sett de fri!

Daglig gjennombrudd

De troendes mulighet

Jesu seier på Golgata kors, ga alle troende muligheten til å gjøre disse oppgaver.

Tabernakelet

Jeg vil bruke tabernakelet som en illustrasjon på menneskets treenighet: Ånd, sjel og legeme.

Det Aller Helligste

er et fint bilde på menneskets ånd. Det Aller Helligste er bevoktet. Her kommer kun prestene inn en gang i året med blod av et lyteløst lam, til renselse for Israels synder det siste året.

Besettelse

For å bli besatt i sin ånd, at noe setter seg i din ånd, da må man åpne seg helt bevisst for Satan.

"Og da Jesus var gått ut av båten, kom det straks mot Ham ut av gravene, en mann som var besatt av en uren ånd." (Mark 5, 2)

Hvordan bli besatt i ånden?

Dette skjer på samme måte som man gjør **bevisst** med sin ånd, når man tar imot Jesus til gjenfødelse og frelse. (Rom 10, 9)

Mennesket bestemmer selv

Mennesket bestemmer helt selv hvem de vil ha som herre i sin ånd: Enten Jesus, da den Hellige Ånd - eller Satans ånd.

Det er ikke veldig mange som er besatt i sin ånd. Det er de som hengir seg bevisst til

Satan i forskjellige former av satantilbedelse.

Hvordan bli løst fra besettelse i ånden?

Hvordan bli løst fra å være besatt? (Mark 3, 22-27, les alle versene).

Satan kan ikke drive Satan ut, så det må være Guds Ånd, den Hellige Ånd i Jesu navn.

Han avvæpnet maktene og myndighetene

Men først må den sterke **bindes** (v27).
"Det dere binder på jorden, er bundet i himmelen." (Matt 16, 19)
Så når Satan er bundet kan vi kaste ham ut, drive ham ut.
"Jesus sa: Far ut av mannen, du urene ånd!" (Mark 5, 8)

Mine erfaringer

Viser at det er lettere å sette et menneske fri fra demoner som har besatt en ånd, enn en som er bundet. Den som er bundet har båndene i sjel/personlighet. Der er det mye mer for demoner å gjemme seg i og identifisere seg med.
Hvordan få Satans ånd ut?

Det gis kun en befaling i Jesus navn med troens fulle visshet og autoritet

Når det gjelder besettelse i sin ånd, så gjøres det med en befaling i Jesu navn. Da må man ha troens fulle visshet i det man har befalt. Tror du det og har befalt, må Satans ånd komme ut.

Vantroens kontinuerlige befaling

Fortsetter du å befale, beviser du din vantro - og Satans ånd kommer ikke ut, men begynner å manipulere deg og plage deg. Her er det mye mer å si, men du har fått en liten forståelse.

Takk kjære Far,

at Du leder meg inn i forståelse av disse tingene, dette vil gjøre min åndelige forståelse lettere å takle. Og likedan gjøre vanskeligheter jeg møter på, mer forståelige. Amen.

2. November

Hvordan behandle demoner? II

Bundet

Det Hellige: Her i Det Hellige var det en episode, at noen kom inn og tok av skuebrødet. (2 Mos 25, 30) I Det Hellige, i forteltet hvor lysestaken og bordet og skuebrødene var (Heb 9, 2), kunne man komme inn. Det var bare prestene som hadde lov til å spise skuebrødet. Men en gang David og hans menn var sultne, så tok de av skuebrødene og åt. (Matt 12, 3-4) Det Hellige er bilde på menneskets sjel/personlighet. (Luk 13, 16) Her i det Hellige var det mulig å komme inn for uvedkommende, på samme måte som det er mulig for demoner og Satans tanker å komme inn i et gjenfødt menneskes sjel. Har vi ikke bygd opp styrke i vårt åndelige og sjelelige liv med beskyttelse av Guds Ord, vil vi være et lett offer.

Å bli bundet (inntatt i sjelen, besatt i sjelen): Skjer i personligheten, følelsene, eller intellektet.

**For at dette skal kunne skje, må en godta
Satans brennende tankepiler**
(Ef 6, 16) Det kom en tanke til dem.
(Luk 9, 46)
I vers 47 slapp den brennende tankepilen
inn. Det ble en **hjertets tanke.** Det var ikke
lenger en undertrykkelse på sjelen fra
yttersiden, den var blitt sluppet inn, ved å
bli **godtatt.**
Kristne som ikke-kristne, kan bli bundet i
sjelen av Satans tanker og demoner.

Hvordan bli løst fra bundethet?
Vi gjør som Jesus (Luk 13, 12-13),

*Han sa: «Du er løst fra din vanmakts ånd».
Og Han la Sine hender på henne, og straks
rettet hun seg opp og priste Gud».*

Vi gjør det på samme måte. Dette er ingen
kamp i kjøttet, dette er åndelig. Vi sier:
«Vær løst!»

*"Alt det du løser på jorden skal være løst i
himmelen." (Matt 16, 19)*

Undertrykt
Forgården: Nå er vi på menneskets
ytterside. Det å være undertrykt, vil si at det
er noe som trykker oss ned fra yttersiden.
Dette er noe som ikke er på innersiden.

Dette er en kamp mot makter og myndigheter. Det er en åndelig krig. (Ef 6, 12)

All åndelig krigføring foregår med tanker - ord er åndelige

All åndelig krig foregår med tanker. Bak enhver tanke står en ånd. Enten Guds Ånd eller Satans ånd. Den onde skyter brennende piler. Her må vi løfte troens skjold i vissheten om Jesu fullkomne seier. (Ef 6, 16)

"Han avvæpnet maktene og myndighetene." *(Koll 2, 15)*

"Ta enhver tanke til fange under lydigheten." (2 Kor 10, 5)

"Det du binder på jorden er bundet i himmelen." (Matt 16, 19)

Hvem gir opp først?

Vi binder Satan og demonenes angrep med brennende piler, og befaler dem å vike fra oss i Jesus navn. De må adlyde på første befaling. Det kan ta litt tid før de går. Spørsmålet er: Hvem gir opp først, Satan og demonene - eller du?

Daglig gjennombrudd

Takk kjære Far,
for Din åpenbaringskunnskap som er lett å bære. Takk Far, dette gjør handtering av ting i hverdag og tjeneste for Ditt rike enklere. Amen.

3. November

Hvordan behandle demoner? III

Hvorfor er så mange kristne plaget av onde ånder?
"Jesus sa: I Mitt navn skal de drive ut onde ånder. Dette ble sagt til de troende." (Mark 16, 17)

Når kristne er plaget av onde ånder/demoner, så er det i sjelen/personligheten. Det starter med en **undertrykkelse** på sinn eller følelser. Når man da **gir etter** for presset, glir de inn og binder en i sjelen/personligheten. Dette er et lurespill som kan foregå fram og tilbake over lang tid. Her er mange bundet opp, uten å forstå det.

*"Men det **kom en tanke til dem** om hvem som vel var den største av dem.*
*Men da Jesus så deres **hjertes tanke...**"*
(Luk 9, 46-47)

Daglig gjennombrudd

Den brennende tankepilen kom til dem alle. Den undertrykte en stund. Etter hvert godtok de tanken - og den fikk komme inn og binde dem. Det ble en hjertets tanke. **Det første tegn til lydighet på Kristi befaling, var å drive ut onde ånder.**

Demoners eneste mulighet

Demoner har kun en mulighet med angrep som treffer og gjør skade:

En bevisst ulydighet

av de kristne, imot misjonsbefalingen (i Mark 16, 15). Det kan være synd generelt, selvopptatthet og egoisme. Når disse ting er det som er viktigst, ikke Jesus, er åpningen for kjøttets gjerninger helt klar. (Gal 5, 19) Kristne som lever slik, lever en livsstil som de synes «går greit». Ved å leve slik, har Satan og demonene all makten i deres liv. Disse kristne er ikke villige til å la deres kristenliv bli mer seriøst enn å gå på et møte en gang iblant. Å ta ansvar som en kristen, vil de holde seg unna.

Ubevisst ulydighet

Det finnes ingen ubevisst ulydighet, men det finnes mangel på lys i Guds Ord. Skal man få lys i Guds Ord, så må man begynne å lese Bibelen og leve et overgitt liv til Jesus. En må forholde seg til Bibelen, slik Bibelen viser oss.

Daglig gjennombrudd

"Derfor sier Jeg dere: Alt det dere ber og begjærer, tro bare at dere har fått det, så skal dere motta det." (Mark 11, 24)

Dette ble sagt til yppersteprestene og de skriftlærde, men det gjelder også oss. Skal du få et levende kristenliv, så må du satse Guds vei for å få det. Går du Guds vei, så vil du få et levende kristenliv. Gud vil ha deg inn i et overnaturlig liv, ikke et liv hvor Satan og demonene styrer deg. Veien til et seirende kristenliv, ligger rett foran deg og venter.

Ta sats og grip det!
«Uten åpenbaring farer folket vill».
(Ord 29, 18)

«Åpenbaring gir deg den fulle visshets tro».
(Heb 11, 1)

Det er dette du må gripe.

Kjære Far i himmelen
Jeg ser det er mye detaljer å få tak på, for å få den fulle visshheten på området. Takk at Du leder i dette, så jeg får styrke og oversikt på dette området. Amen.

Daglig gjennombrudd

4. november

Hvordan behandle demoner? IV
Vi må forkynne og lære rett

"Den ugudeliges blod skal bli krevd av din hånd." (Esek 3, 18)

Forkynn rett, og lev i den Hellige Ånds kraft.

Hvordan får demoner i praksis inngang til et gjenfødt menneske?
Alt starter med en **sporadisk tanke** fra en Satans åndsmakt. (Ef 6, 10-16)

Dette kan du løse deg selv ifra
Avvis enhver sporadisk tanke. Tankene kan komme ofte og kan gå over til en mer eller mindre **permanent undertrykkelse** i perioder. (Luk 4, 18) Da har dette begynt å bli et reelt problem, som vi lett kan løse oss selv ifra.

"For om vi vandrer i kjøttet, så strider vi dog ikke på kjødelig vis.

Daglig gjennombrudd

*For våre stridsvåpen er ikke kjødelige, men mektige for Gud (åndelige) til å omstyrte festningsverker, idet vi **omstyrter tankebygninger** og enhver høyde som reiser seg mot kunnskapen om Gud, og **tar enhver tanke til fange** under lydigheten mot Kristus." (2 Kor 10, 3-5)*

Vi må vende om fra lydighet mot kjøttet og la Guds Ord bli det som leder oss. Da vil ikke Satan få mer tak på oss.

Lukk ikke opp døren til sjelen
Begynner vi å identifisere oss med tankene som kommer, da åpner vi døren til vårt sjelsliv/personlighet, bevisst som ubevisst. Fryktens ånd kan få deg til å åpne døren ubevisst. Noen kristne er bundet i sjelslivet – hovedsakelig er det undertrykkelse i sjelslivet fra yttersiden. En del ikke-kristne er bundet i sjelslivet, men her er det også mest undertrykkelse.

Kjære himmelske Far
Takk for at Du åpenbare Skriften for meg, og lar meg lære den åndelige virkelighet. La meg forstå hvordan Satan kan lure oss, når vi er uvitende om virkeligheten. Takk kjære Far for Din kunnskap som jeg får ta del i. Amen,

Daglig gjennombrudd

5. November

Hvordan behandle demoner? V

Hvorfor dåpen i den Hellige Ånd?

Jo, for å beseire Satan og demonene fullkomment på alle punkter.

"For dertil er Guds Sønn åpenbart, at Han skal gjøre ende på fienden og den hevngjerrige."

Åpenbar tilstedeværelse da Han var fysisk på jorden og beseiret Satan fullkomment. Og tilstedeværelse i de gjenfødte i dag, gjennom åpenbaringen av Kristus i de gjenfødte.

"Jesus sa: Dere skal få kraft i det den Hellige Ånd kommer over dere."
(Apg 1, 8)

"Disse tegn skal følge dem som tror: Drive ut onde ånder og helbrede syke ..." (Mark 16, 17-18)

Kraft til å sette mennesker fri – ikke bli undertrykt og bundet selv

Daglig gjennombrudd

"Paulus sier: Til frihet har Kristus frigjort oss, la dere derfor ikke igjen legge under trelldoms åk.
Dersom dere lar dere omskjære, da vil Kristus ikke gagne dere." (Gal 5, 1-2)

Her går de **fra** åpenbaringskunnskapen **tilbake til** sansekunnskapen, fra et liv i ånden tilbake til et liv i kjøttet. **Her går omvendelsen feil vei.** Her tas det et bestemt standpunkt imot Kristus. En vil leve et liv i kjøttets gjerninger. Dette er en farlig avgjørelse å ta!

"Paulus sa: Så jeg kan få kjenne Ham og kraften av Hans oppstandelse og samfunnet med Hans lidelser, idet jeg blir gjort lik med Ham i Hans død." (Fil 3, 10)

Satan ble ikke beseiret av de troende – Kristus beseiret ham for de troende
Kristus ga Sitt liv i vårt sted – Jeg ble korsfestet med Kristus. (Gal 2, 20)

"Hvis tjener jeg nå har blitt etter den Guds nådes gave som er meg gitt ved virksomheten av Hans makt." (Ef 1, 7)

Vi kan leve i fullkommen seier i Kristus og
være til hjelp for de som har behov for det,
og stå i Jesu misjonsbefalings lydighet - til
Jesus kommer igjen.

Takk kjære Far,
for at vi kan gå fra å være et offer i Satans
grep – til fullkommen seier i den himmelske
herlighet. Amen.

Daglig gjennombrudd

6. November

Vitnesbyrdets telt

Den nye pakt – de gjenfødtes legeme er templet for den Hellige Ånd

"Vet dere ikke at dere er Guds tempel og at Guds Ånd bor i dere?" (1 Kor 3, 16)

"Vet dere ikke at deres legeme er et tempel for den Hellige Ånd som er i dere, og som dere har fått av Gud?" (1 Kor 6, 19)

I den nye pakt, etter Jesu Kristi forsoningsverk, er det de gjenfødte kristne som er tempelet.

Den gamle pakt
"I ørkenen (GT) hadde våre fedre vitnesbyrdets telt, sier Stefanus." (Apg 7, 44)

Som nevnt tidligere betyr ordet **vitne** (martyric, gresk): «Et vitne som beviser, bekrefter, demonstrerer at det han taler er sant». Han legger fram **bevis.** Så **vitnesbyrdets telt,** er noe mer enn bare et

Daglig gjennombrudd

sted man samles. Det var et telt hvor **Gud talte** til Sine tjenere ansikt til ansikt. Der ga Gud Sine tjenere budskap og kraft **til å bevise** at Han sto bak. Derfor heter det vitnesbyrdets telt.

"Enhver som søkte Herren, gikk ut til sammenkomstens telt utenfor leiren.
Og Herren talte til Moses åsyn til åsyn, liksom en mann taler med sin neste. Så vendte han tilbake til leiren, mens hans tjener Josva, Nuns sønn, en ung mann, vek ikke fra teltet." (2 Mos 33, 7.11)

Vitnesbyrdets telt, et slags «smittetelt»
De måtte til sammenkomstens telt/vitnesbyrdets telt for å få budskap fra Gud til å tale og **bevise** at det de talte var sant. Vitnesbyrdets telt, var et slags «smittetelt» av Guds herlighet og kraft. Slik at Guds tjenere kunne gå ut og være et vitnesbyrdets telt i seg selv, og være en "martyr". Ja, være en bevisprodusent av de ord de talte!

Ordet «vitne» brukt på feil måte – vi er vitnesbyrdets telt
Vi sier vi skal vitne om Jesus… osv. Paulus sa til menigheten i Korint:

*"Vet dere ikke at dere **er** et Guds tempel og at Guds Ånd bor i dere?" (1Kor 3, 16)*

Daglig gjennombrudd

Når vitnesbyrdet er i oss – da ER vi vitnesbyrdet

Det han egentlig sa, var at de ikke lenger trengte å gå til vitnesbyrdets telt for å tale med Herren. De var nå et vitnesbyrdets telt i seg selv. Og slik er de gjenfødte kristnes situasjon i dag også.

Men jeg kan tenke meg at mange i korintermenigheten allikevel tok en tur til vitnesbyrdets telt. Men der var det bare ritualene igjen. Da blir kristendommen bare en religion.

Vi må forstå hva vi **er!** Vi er et tempel for den Hellige Ånd, Guds Ånd. Vi er et "martyric telt", et vitnesbyrdets telt.

Vi har manglet åpenbaring

Men vi har ikke fungert slik på grunn av **mangel på åpenbaring,** og igjen på grunn av **ulydighet.** Nå har dette blitt åpenbart for deg, så la det vokse til modenhet i deg.

Kjære Far

Jeg takker Deg for det jeg her har fått se åpenbart for meg. Jeg ser viktigheten av å leve et rent, overgitt liv til Deg. Jeg er jo et tempel for den Hellige Ånd, et vitnesbyrdets telt. Takk Far, at Din kraft og åpenbaring til meg er i tempelet - vitnesbyrdets telt, som er mitt legeme. Amen.

Daglig gjennombrudd

7. November

Tro i bevegelse   I

Hva er tro?
"Tro er full visshet om det som håpes, overbevisning om ting som ikke ses."
(Heb 11, 1)

Dette betyr: "Tro det før du ser det". Det menneskelige sinn som tar inn informasjon fra sansene, får et stort problem her. Her er en krig i gang, en krig mellom ordene i din tanke og Ordene i Bibelen, Guds Ord.
Tror du ikke på Gud, er det lett å avfeie Bibelens Ord. Da sitter du igjen med de ordene du har i sinnet ditt. Gud er utelukket. Er du en gjenfødt kristen og ønsker å tro Guds Ord, er det ting vi kan gjøre for å få til nettopp det.

Hvordan skal du få denne troen?
Du må ville erkjenne sannheten.

"Du skal kjenne sannheten, og sannheten skal sette deg fri." (Joh 8, 32)

Daglig gjennombrudd

Guds Ord er sannheten

Det må du akseptere/tro.

"Gud lyver ikke." (1 Sam 15, 29)

"Min lov, Guds Ord, er sannheten." (Salme 119, 142)

Vi må ha kjennskap til sannheten, Guds Ord

Bibelen sier:

"Troen kommer av forkynnelsen, og forkynnelsen ved Kristi Ord." (Rom 10, 17)

Når vi hører og aksepterer Guds Ord, kommer troen til oss

Bibelen sier:

"For alt det som er født av Gud, seirer verden. Og dette er seieren som har seiret over verden: Vår tro." (1 Joh 5, 4)

Jo mer vi kjenner sannheten (ikke kunnskap om, men åpenbaring), dess mer vil vår tro vokse.

Takk kjære Far,

at Du leder meg inn i en solid forståelse av dette med troens virkelighet. Dette har vært så forvirrende, men nå leder Du meg skritt for skritt inn i forståelsen av dette. Amen.

Daglig gjennombrudd

8. November

Tro i bevegelse   II

Tro fødes i åpenbaring
Du kan ikke tro Guds Ord uten åpenbaring fra Gud. Du kan være enig med Guds Ord, men det er ikke nok. Du må **tro** Guds Ord.

Troens modell som levendegjør Ordet: Troen er livgiveren til Guds Ord
Les og grunn på Bibelens Ord og lytt til Herren…
"Min sønn! Akt på Mine Ord, bøy ditt øre til Min tale! La dem ikke vike fra dine øyne, bevar dem dypt i ditt hjerte!
For de er liv for hver den som finner dem (får åpenbaring over dem) og legedom (medisin, karakter) for hele hans legeme."
(Ord 4, 20-22)

Troen, ditt livs guide
Når du seriøst studerer Guds Ord og lytter til Herren, eller er "åpen til forkynnelse som har livet fra Gud i seg", vil åpenbaring komme din vei.
Du kan ikke presse åpenbaring fram. Det kommer når Gud gir det. Glem ikke det.

Daglig gjennombrudd

Gud vil gi deg tro på de områdene du skal
ha det.

**Gud leder livene våre ved tro, ved den
troen Han har åpenbart for deg**

Det er kun den troen Gud har åpenbart for
deg, som virker gjennom ditt liv. Det er her
du finner din oppgave fra Herren og din
retning i livet.

Takk kjære Far,
for den forståelsen Du gir meg om troen.
Dette har jeg aldri forstått, men nå gjør jeg
det. Ting blir mye enklere i en troendes liv,
når en ser hvordan dette fungerer. Amen.

Daglig gjennombrudd

9. November

Tro i bevegelse III

Det er 2 typer tro:
Død tro
Bibelen sier:

"Tro uten handling er en død tro."
(Jak 2, 17)

Du kan kanskje si du tror, men det vil ikke hjelpe deg overhodet.
Hør hva Bibelen sier om saken:

«Et legeme uten ånd, er et dødt legeme. Så også med troen, tro uten handlinger er en død tro». (Jak 2, 26)

Levende tro
"Jeg vil vise deg min tro av mine handlinger." (Jak 3, 18)
Tror du den åpenbarte troen i deg, vil du handle
Den troen **vet** at det vil skje når du ber. Forsøker du å tro, skjer ingenting. Ber du kun fordi andre vil du skal be, skjer ingenting.

Daglig gjennombrudd

Når du ber fordi du har tro for å be - da vil ting skje!

Dette har jeg opplevd over hele verden i 40 år.

Tro virker!

Jeg har gått ut på plattformer med titusener av tilhørere. Jeg har proklamert det jeg tror - og det virker hver gang.

Jeg har sett alle mulige forskjellige sykdommer bli helbredet der og da.

Mennesker i salen tror det, og jeg tror det. I sammen tror vi det virker - og så virker det.

Jesus sa til han med den visne armen:

«Rett ut din hånd!» Og han rakte den ut, og den ble frisk igjen som den andre. " (Matt 12, 13)

Kommunisten med den lamme armen

Jeg sto og talte til 20 000 i sentrum av Plovdiv i Bulgaria. Tusener ga sine liv til Jesus, og helbredelser og utfrielser fra demoner skjedde i store tall. På et hotell like bortenfor, var en av mine medarbeidere. Han snakket med en kommunist som forbannet Gud og meg. Han hadde en lam arm, og var kommet til byen for å amputere armen dagen etter.

Min medarbeider spurte om han fikk lov til
å be for ham til helbredelse. Det fikk han da
lov til etter mye om og men. Han ba - og
mannen ble øyeblikkelig helbredet! Han
strakte armen fram og var storlig overrasket.
I utgangspunktet trodde han det ikke – men
min medarbeider trodde det, og det virket!
**Levende tro virker alltid, død tro virker
aldri.**

Takk kjære Jesus,
for det verket Du gjorde på Golgata kors.
Takk for at Du åpnet troens vei for meg, så
jeg kan vandre i et åpenbart liv med Deg. Et
kristenliv som syder av liv. Jeg vil ikke leve
i død, religiøs tro, men leve livet med Deg,
Jesus, i tro. Amen.

Daglig gjennombrudd

10. November

Tro i bevegelse IV

Guds Ord som nr 1

*"Og de ti spedalske ropte høyt: Jesus,
Mester! Miskunn Deg over oss!
Jesus sa til de spedalske: Gå bort og vis
dere for prestene. Det var noe de gjorde for
å bli erklært renset. Mens de var på veien til
prestene, ble de renset." (Matt 17, 14)*

De trodde

De så ikke helbredelsen, eller kjente/følte
helbredelsen. **De tok Jesus på Ordet,** de
trodde den myndige, åpenbarte troens Ord
Jesus uttalte til dem.

Det **åpenbarte Ordet** i deg, som gir deg
tro, har også **troens autoritet** i seg, som her
med Jesus. Det har også en troens fulle
visshets smitteeffekt der og da.

Som det fantastiske som skjedde med de
spedalske, kan det skje med deg akkurat nå.
Ta imot din utfrielse mens du leser nå. Ta
den imot **i tro.**

*"Ved Jesu sår har du fått legedom."
(Jes 53, 5)*

Daglig gjennombrudd

Tro det, og du har det. Når du har det, så gjør det.

Jesu blod renser deg fra enhver synd, enten du ser det, føler det - eller ikke.

Tro det, og du er renset fra synden i ditt liv.

Når du er renset fra synden: Takk Jesus for frihet fra synden i Hans blod.

Tro fakta!

Takk kjære Jesus,
for den offensive troen jeg kjenner kommer mot meg gjennom Din åpenbaring. Takk for at Du gir meg tanker på hva jeg skal tro. Jeg tar imot og tror det. Amen.

11. November

Dramaet på hustaket

"Og mange samlet seg, så de ikke lenger fikk rom, ikke engang ved døren. Og Han talte Ordet til dem.
Og de kom til Ham med en verkbrudden, som ble båret av fire menn.
Og da de ikke kunne komme fram til Ham for folkemengden, tok de taket av der hvor Han var, og brøt hull og firte ned sengen som den verkbrudne lå på.
Og da Jesus så deres tro, sa Han til den verkbrudne: Sønn! Dine synder er deg forlatt.
Jeg sier deg: Stå opp, og ta din seng og gå hjem til ditt hus!
Og han stod opp, og tok straks sin seng og gikk for alles øyne, så alle ble ute av seg selv av forundring og priste Gud og sa: Slikt har vi aldri sett!"
(Mark 2, 1-12) (Les alt sammen)

Denne mannen hadde ligget hjemme og **hørt om** det Jesus gjorde rundt omkring. Det hadde hans venner også hørt.

Daglig gjennombrudd

Nå hadde Jesus kommet til hjemmet Sitt, de hørte Han var der. Vennene tok sengen og bar mannen til Jesus.

"Troen kommer av forkynnelsen, og forkynnelsen ved Kristi Ord."
(Rom 10, 17)

De hadde alle hørt om Kristi Ords mirakler rundt om i landet, og de trodde det. Og nå var Han like ved dem. Tiden var inne for å tro Jesus for et under for vennen deres. **De satte sin tro i bevegelse.** De så at alt var menneskelig umulig.

"Men alt er mulig for den som tror".
(Mark 9, 23)

De fikk vennen opp på taket, hvor de lagde et hull. Troen ga den syke den beste plassen. De hadde bestemt seg for at vennen skulle bli helbredet, før de senket han ned til Jesus. De tok ikke hensyn til all umuligheter som sansene viste dem. De så på troens sans, den **fulle visshets** sans, som sier til mannen: «Stå opp og gå!»

"Ved Jesu sår har du fått legedom."
(Jes 53, 5)

Daglig gjennombrudd

De holdt den lamme under armene oppreist til de gikk

Det samme har jeg sett verden rundt, de har løftet opp de lamme, de har trodd Guds Ord, de ga seg ikke før den lamme gikk selv. Alle gråt og hjalp den lamme helt til han gikk.

Jesus lever og alt er mulig - om bare du tror!

Tro Guds Ord og løft deg over omstendighetenes umuligheter, og ta ditt svar på bønn i Jesu navn!

Takk kjære Jesus,

for at det som ser umulig ut, ikke er umulig i Din verden. I Din verden er alt mulig, og Din verden forstår jeg også er min verden. Da betyr det at alt også er mulig for meg, i Ditt navn, som er over alle andre navn. Jeg tar i mot alt nå. Amen.

Daglig gjennombrudd

12. November

Massehelbredelse

*"En stor mengde fulgt Ham, og **Han helbredet dem alle.**" (Matt 12, 15)*

Dette er et eksempel på "massehelbredelse" fra Jesu tjeneste. Etter Jesus ble opptatt til himmelen, er det fremdeles Guds vilje å massehelbrede.

Jesus har ikke forandret Seg

"Jesus Kristus er i går, i dag den samme, ja til evig tid." (Heb 13, 8)

La oss se på Paulus sin tjeneste:

"De bar de syke ut på gatene og la dem på senger og benker, for at endog bare skyggen av Peter kunne overskygge noen av dem når han kom.
*Ja, også fra omliggende byer kom de sammen i mengder til Jerusalem, og førte med seg syke og folk som var plaget av urene ånder - og **de ble alle helbredet.**" (Apg 5, 15-16)*

Daglig gjennombrudd

Dette var massehelbredelse

Ordene «de ble alle helbredet», viser Guds vilje for i dag for alle som er syke. Jesus er i himmelen, Paulus er i himmelen, men Guds vilje til helbredelse er fremdeles den samme.

«Han helbredet alle» er like mye Guds vilje i dag, som det var den gang.

"Jesus Kristus er i går, i dag den samme, ja til evig tid." (Heb 13, 8)

Har du ti syke foran deg, kan du be en bønn for alle, og Jesus svarer alle samtidig. Det er Guds vilje å helbrede alle i dag.

*"Han som forlater dine misgjerninger/synder og **helbreder alle dine sykdommer."** (Salme103, 3)*

Massehelbredelser i Romania

Jeg var ferdig med talen og skulle be for syke. Det var flere tusen til stede, og jeg sa vi skulle be for de **døve.** I samme øyeblikk jeg **sa** det, fikk fire hørselen tilbake! Da jeg hadde **bedt bønnen,** fikk totalt tjue stykker tilbake hørselen øyeblikkelig. Slike historier har jeg mange av fra rundt omkring i verden. Dette beviser at "massehelbredelse" også gjelder i dag.

Daglig gjennombrudd

(I alle mine bøker har jeg med historier fra
"misjonsfeltet". Les også min bok "Kristus
helbrederen.")

Takk Jesus,
at Din helbredelseskraft er uten grenser.
Som Du helbreder en, kan Du også helbrede
alle samtidig. Takk at Du er vår lege, den
som "helbreder alle våre sykdommer."
Amen.

Daglig gjennombrudd

13. November
Dere farer vill

"Jesus svarte og sa til saduseerne: Dere fare vill fordi dere ikke kjenner Skriftene, og heller ikke Guds kraft." (Matt 22, 29)

Du kan ha vært med i en forsamling i 50 år og takket Jesus for alle ting i hvert et møte, men ikke ha kjennskap til Bibelens Ord overhodet. Du er ikke inne i noe av det som vi allerede har omhandlet i disse bøkene. Paulus sier det så klart, det er ikke til å misforstå:

"Derfor, hver som eter brødet eller drikker Herrens kalk uverdig, han blir skyldig i Herrens legeme og blod.
Men hvert menneske prøve seg selv, og så ete av brødet og drikke av kalken!
For den som eter og drikker, han eter og drikker seg selv til dom, dersom han ikke gjør forskjell på Herrens legeme.
Derfor er det så mange syke og skrøpelige iblant dere, og mange sovner inn."
(1 Kor 11, 27-30)

Dette er mer alvorlig enn vi forstår

Daglig gjennombrudd

Vi må ha en helt klar forståelse av hva Jesu
blod og Jesu legeme står for.
En klippefast forståelse og tro på hvilken
betydning det har i frelsesverket på Golgata
kors.

Jesus gjorde verket personlig for deg
Du må ha den fulle forståelse og tro på det
verk Jesus gjorde for deg på Golgata.
Nattverdsmåltidet er en påminnelse om det
Jesus gjorde for deg personlig på korset.
Dette forsoningsverk i hele sin bredde,
mottar du og takker for. Det gjør at du kan
ta imot helbredelse, utfrielse - og alt annet
Jesus representerer og gjorde for deg. Dette
kan du ta imot i nattverdsmåltidet.
Da ser du forskjellen på dette og annen mat,
at ingen sammenligning kan trekkes
overhodet. Dette har ingenting med vanlig
mat å gjøre.

Da forstår vi hva dette verset sier:

*"Derfor er det så mange syke og skrøpelige
iblant dere, og mange sovner inn."*
(1 Kor 11, 30)

Når det gjelder alt annet i Guds Ord, er det
på samme måte. Ordet er ikke ment å
brukes til teologisk tørrprat og diskusjoner.
Den type håndtering av Guds Ord er dødt.

Daglig gjennombrudd

Guds Ord, Bibelen, er ment til å **åpenbares og levendegjøres** gjennom den Hellige Ånd til de gjenfødte kristne. Det gir en sterk tro med full visshet og overbevisning. Da får Guds Ord, gjennom sine tjenere, utført det Ordet sier det skal gjøre.

Takk kjære Jesus,
for Ditt forsoningsverk på Golgata kors. Jeg vil minnes dette, med full forståelse i nattverden, at dette absolutt ikke har noen ting med annen mat å gjøre. Dette er et minnemåltid mellom Deg og meg! Denne store virkelighet åpenbares meg direkte fra Deg. Takk for at hele Ditt Ord er til åpenbaring og levendegjøring gjennom oss alle, som Dine tjenere. Amen.

Daglig gjennombrudd

14. November

Sannhetens evangelium, gode nyheter

"Og Jesus svarte og sa til dem: Se til at ingen fører dere vill!
For mange skal komme i Mitt navn og si: Jeg er Messias (Kristus, den Salvede, gresk); og de skal føre mange vill!" (Matt 24, 4-5)

"For falske Messiaser skal oppstå og gjøre store tegn og under, så endog de utvalgte skulle føres vill, om det var mulig." (Matt 24, 24)

Falske Messiaser

Dette var for den tiden dette ble skrevet, men er like aktuelt i dag. Om ikke mer. Midt oppe i en troens forkynnelse, med tegn og under.

Jeg tenker på fra oppstarten av helbredelsesvekkelsen i USA, til "trosbevegelsen i Europa". Erfaringen viser at det ikke hjelper med "trosteologisk-korrekt" teologi.

Daglig gjennombrudd

Det sanne evangeliet fødes fram i Guds Ånd og kraft, gjennom overgitte vitner
Det er kun en ting som virker: Det er det fulle evangeliet - født fram av overgitte vitner, som står fram med troens fulle visshet, med Ånds og krafts bevis. Disse **overgitte vitner,** lar seg ikke manipulere av falske profeter, tegn, under og ekstraordinære oppvisninger! **De skiller det ekte fra det uekte** på det åndelige. (Se avsnittet «April», der har jeg flere dager hvor jeg snakker om å prøve ånder).

"Er det ved Guds Ånd Jeg driver de onde ånder ut, da er jo Guds rike kommet til dere." (Matt 12, 24-29) (Les alle versene)

Demoner kommer ikke ut ved "forsøk"
Demoner kommer ikke ut ved usikre forsøk. Da blir det kun mye bråk og manipulering av demonene. De som eksperimenterer med dette, kan risikere å få problemer med demoner selv. Dessverre er dette en sannhet, men en del av de kristne roper allikevel: «Det er Herren!» Da er det **opplevelsene** som står i fokus.

Paulus sa:
Min forkynnelse var ikke med visdoms overtalende ord, men med Ånds og krafts bevis."

Daglig gjennombrudd

"Evangeliet er en Guds kraft til frelse."
(Rom 1, 16)

Det er ikke opplevelsene vi skal søke, **vi skal søke Jesus.** Det er Han som ga Sitt liv for vår frelse. Det er Han som ga oss en jobb å gjøre: Nå den unådde verden med evangeliet, så Jesu kan komme igjen. (Mark 16, 15)

Kjære Far

Jeg takker deg for den åpenbaringens innlæring jeg mottar fra Deg. Takk at jeg kan få alt dette dyrebare "gullet", slik at det kan fungere i mitt liv som et vitne, når jeg tror det. Amen.

15. November

Det evangelium som gir Ham æren

"Paulus sa: Min forkynnelse var ikke med visdoms overtalende ord (sansekunnskap), men med Ånds og krafts bevis." *(1 Kor 2, 4)*

Hør på dette:

"Det såes i vanære, oppstår i herlighet - såes i skrøpelighet, oppstår i kraft.
Der såes et naturlig legeme, der oppstår et åndelig legeme. Så visst som det gis et naturlig legeme, gis det også et åndelig legeme." *(1 Kor15, 43-44)*

Skal man oppleve Guds kraft fungere, da må man vandre i Ånden. Det vil si, man må være villig til å legge ned alt kjødelig/sanselig og fylle seg med Guds Ord - så man kan bli **forvandlet.**
Forvandlingens arbeid (Gal 5, 16-22)

"Bli forvandlet ved fornyelsen av deres sinn." *(Rom 12, 2)*

Daglig gjennombrudd

Det er når den **forvandlingen** skjer, at ting begynner å fungere i våre liv som Herren har bestemt. Ikke før.

"Men Stefanus var full av nåde og kraft og gjorde store undergjerninger blant folket. Og de var ikke i stand til å stå seg imot den visdom og den Ånd han talte av." (Apg 6, 8.10)

Slik kan det også bli med deg i dag.

"Jesus sa: Om du tror, skal du se Guds herlighet." (Joh 11, 40)

Jesus får all ære!

Takk kjære Jesus
Du er den som skal ha ære i alle ting. Jeg vet Du vil få det når vi lever våre liv overgitt til Deg, slik at Du kan stå fram i oss som vitner. Takk for at Du gjennom åpenbaring, har latt meg forstå dette klart. Amen.

16. November

Vi kan ikke skille Helbrederen fra Gjenføderen

"Hvis du med din munn bekjenner Jesus som Herre, og i ditt hjerte tror at Gud oppvakte Ham ifra de døde, da skal du bli frelst." (Rom 10, 9)

Ordet **frelst** betyr: **Helbredelse og utfrielse til ånd, sjel og legeme.**
Hvis du ønsker helbredelse for din kropp, må du være villig til å ta imot helbredelse for din sjel og ånd.
Hvis du sender bud på en lege til en av dine kjære, må du tillate han å komme inn i huset ditt når han kommer.
Slik er det også når vi søker helbredelse: Du må tillate Helbrederen å komme inn i ditt hus.
Guds orden for å velsigne oss er som følger:

"Han som tilgir deg alle dine synder, og helbreder alle dine sykdommer." (Salme 103, 3)

Daglig gjennombrudd

Først **tilgivelse** for synd, så **helbredelse** for sykdommer.
Jesus sa til den lamme først:

"Hva er lettest å si? Dine synder er deg tilgitt, eller ta din seng og gå hjem?"
(Mark 2, 5-11) (Les alle vers)

Det var tilgivelse først for synder, så helbredelse fra sykdommer. Guds orden for Hans helbredelsespakt er:

"Dere skal tjene Herren deres Gud ... og jeg vil holde all sykdom borte ifra deg."
(2 Mos 23, 25)

Takk Jesus,
for Dine dyrebare løfter til meg. Takk for at helbredelse er like mye min rett som gjenfødelsen - og den fulle frelsen, med alt i seg. Det er min rett i Deg på grunn av Ditt forsoningsverk på Golgata kors. Amen.

17. November

Helbredelse fra Kristus

Gud er en helbreder

"Jeg er Herren din lege." (2 Mos 15, 26)

"Jeg Herren, forandrer Meg ikke." (Mal 3, 6)

Jesus Kristus helbredet de syke

"Jesus helbredet all sykdom og hver skrøpelighet." (Matt 9, 35)

"Alle dem som rørte ved Jesus, ble helbredet." (Mark 6, 55.56)

"Jesus helbredet alle som var undertrykte av djevelen, fordi Gud var med Ham." (Apg 10, 38)

"Jesus Kristus er den samme i dag, i går og til evig tid." (Heb 13, 8)

Jesus befalte Sine disipler å helbrede de syke

Daglig gjennombrudd

"Og når dere går av sted, da forkynn dette budskap: Himlenes rike er kommet nær! Helbred syke, oppvekk døde, rens spedalske, driv ut onde ånder! For intet har dere fått det, for intet skal dere gi det."
(Matt 10, 7-8)

"Siden utvalgte Herren også sytti andre og sendte dem ut to og to, i forveien for Seg til hver by og hvert sted hvor Han selv skulle komme. Og hvor dere kommer inn i en by og de tar imot dere, der skal dere ete hva de setter frem fore dere.
Helbred de syke som er der, og si til dem: Guds rike er kommet nær til dere!"
(Luk 10, 1, 8.9)

"Jesus sa: Hvis dere forblir i Mitt Ord, da er dere i sannhet Mine disipler."
(Joh 8, 31)

Jesus befalte alle troende over hele verden: Helbred de syke!

"Disse tegn skal følge dem som tror: De skal legge hendene på de syke og de skal bli helbredet." *(Mark 16, 17.18)*

"Jesus sa: Dere skal gjøre større gjerninger enn Meg." *(Joh 14, 12)*

Daglig gjennombrudd

Guddommelig helbredelse ble først gjort av

Gud Jehova, så av Hans Sønn Jesus Kristus. Så av Jesu disipler. Videre av den første menighet/fellesskap. Og til slutt av alle troende i hele verden.

Miraklenes tid er ikke forbi

Fysisk helbredelse er like mye en del av Kristi tjeneste i dag, som det alltid har vært.

Takk kjære Far i himmelen,

at Du lar meg få se som klar åpenbaring at fysisk helbredelse er like mye av Ditt guddommelige verk i dag, som det har vært siden mennesket kom til jorden. Takk for at jeg får være en del av dette. Amen.

Daglig gjennombrudd

18. November

Sykdomsmakter

"Da nå disse gikk bort, se, da førte de til Ham et stumt menneske som var besatt. Og da den onde ånd var drevet ut, talte den stumme." (Matt 9, 32-33)

Her er det et menneske som var besatt av en ond sykdoms ånd. Dette er i klar tekst hva Bibelen sier. Jeg har mange års erfaring i betjening av denne type mennesker, har studert grunntekster rundt dette og bedt Gud om mer åpenbaring på området. Slik jeg ser det, er som følger:

Hva er en sykdoms besettelse?

Her er det snakk om et menneske som hadde mistet talens evne. Jeg tror en sykdoms makt i dette tilfellet har kommet inn i legemet og påvirket stemmebåndet, så det ikke var i stand til å uttale ord. Demonen kunne sikkert ha påvirket andre områder også som har med talens evne å gjøre. Demoner, som Satans ånd, er åndelige og derfor **ikke** under **fysiske lover,** men under **åndelige lover.**

Daglig gjennombrudd

Det igjen vil si **- lover som arbeider uavhengige av hverandre.**

"Herre, miskunn deg over ham, han er månesyk og lider storlig, ofte faller han i ilden og ofte i vannet.
Jesus truet ånden, og den onde ånd for ut av ham." (Matt 17, 14-18)

Leger kan ikke se hva en sykdom er forårsaket av

Derfor kan leger se hva som er skaden/sykdommen, men ikke hva som har forårsaket den. På samme måte tror jeg det er når det gjelder alle sykdommer, men ikke skader som er selvforskyldt (for eksempel brannsår eller knekt bein).

Besettelse

Ordet «besettelse» forklarer jo hva som skjer: Det er noe som setter seg, i dette tilfellet på et menneske. Men hvor på mennesket setter det seg?
Her har mange ment og trodd, at når det er snakk om besettelse, så er mennesket besatt i ånden. Dette er ikke tilfelle.

Et eksempel: "Hvorfor har du ikke kommet tidligere?"

Dette sto kvinnen og ropte over mikrofonen, da jeg hadde tatt henne opp på plattformen.

Daglig gjennombrudd

Dette var de første offentlige kristne møter
(frie, evangeliske, tillatt av myndighetene) i
nasjonen noensinne. Dette var i Bukarest,
Romania, i 1990. Kvinnen hadde vært
døvstum i 58 år!
Mens jeg sto og talte, kom den døvstumme
ånden ut - og kvinnen kunne høre og hun
kunne tale. Dette var jo enda et mirakel. For
hun kunne i teorien ikke tale, selv om
stemmebåndene fungerte. Men hun talte.
Her hadde demoner forårsaket skaden i
ørene og på stemmebåndet. Demonene må
gå når de er i nærkontakt med Guds Ånd -
og de som har sterk tro til Gud og utøver
det.

Demonstrasjon på plattformen
Ved enkelte anledninger har jeg også bedt
for de døve på plattformen, så alle har sett
på. Da legger jeg hånden på øret og befaler
den døve ånd å komme ut. Da kommer den
døve ånden ut, og vedkommende hører.

Gutten uten trommehinne i øret
Jeg husker ett tilfelle med en gutt, han
hadde operert bort trommehinnen. Jeg
befalte den døve ånden å komme ut. En ny
trommehinne var på plass - og gutten hørte!
Jeg bare ba som Bibelen sier, så fikk Herren
ta seg av trommehinner og annet som måtte
mangle og lages på nytt.

Daglig gjennombrudd

Demon satte seg på øret og stemmebånd
I disse tilfeller hadde en demon besatt øret
eller stemmeområdet, og forårsaket skade.
Da de blir befalt å gå, må de gå - og
helbredelsen skjer. Jeg er ingen helbreder.
Jeg gjør som Bibelen sier. Og **Gud gjør
helbredelsene.**

**Man kan være besatt mange steder, også
i ånden**

Legemet
Det kan være en demon som har satt seg på
legemet og forårsaket sykdom. Den kan
tilføre eller trekke ut viktige elementer, som
igjen forårsaker sykdommer i legemet.

Sjelen
Det kan være en demon som har satt seg i
sjelen, og forårsaker forstyrrelser i følelser
og sinn.

Ånden
Det kan være en besettelse i ånden, men da
er vi inne på en annen kategori. Her må
mennesket frivillig med sitt **eget viljeliv
bestemme** seg for å få inn **en** av to i sin
ånd: I ånden kan kun **Guds Ånd** (den
Hellige Ånd), eller **Satans ånd** komme inn.
Ingen av disse kan komme inn uten
invitasjon fra personen selv.

Daglig gjennombrudd

Kjære Far
Takk for en klargjørende åpenbaring på
dette området angående besettelse. Jeg
opplever at jeg trenger Åndens lys på
mange åndelige områder, så jeg kan være
bedre utrustet i min tjeneste for Deg. Amen.

Daglig gjennombrudd

19. November

Bekjennelsens makt

*"Men da Jesus kom til landet ved Cesarea Filippi, spurte Han Sine disipler og sa: Hvem sier folk at Menneskesønnen er? De sa: Noen sier døperen Johannes, andre Elias, andre igjen Jeremias eller en av profetene. Han sa til dem: Men dere, hvem sier **dere** at Jeg er? Da svarte Simon Peter og sa: Du er Messias, den levende Guds Sønn. Og Jesus svarte og sa til ham: Salig er du Simon, Jonas sønn! For kjøtt og blod har ikke åpenbart deg dette, men Min Far i himmelen."* (Matt 16, 13-19)

Her er det noe meget viktig, og det er bekjennelsen

*"Derfor hellige brødre, dere som har fått del i et himmelsk kall, gi akt på den apostel og yppersteprest som vi **bekjenner,** Jesus."* (Heb 3, 1)

Kristus er ypperstepresten av vår bekjennelse. Har vi ingen bekjennelse av

Daglig gjennombrudd

Kristus å forholde oss til, har vi heller ingen yppersteprest, da har vi ingen Frelser.

I Jesus har like mye makt i våre liv som vi gir Ham.

II Jo mindre vi bekjenner Jesus og Hans frelsende makt i all Sin herlighet, dess mer makt får Satan og demonene. Jo mindre av sannheten vi bekjenner, dess større område gir vi gratis til løgnen og løgnens far, Satan.

"De, (du og jeg) seiret over ham, Satan, i kraft av Lammets blod og de Ord de (vi) vitnet/bekjente." (Åp 12, 11)

"De ugudelige taler alltid om å lure etter blod, men de oppriktiges munn frelser dem." (Ord 12, 6)

Bekjennelsens makt!

Kjære Far i himmelen
Takk for denne fantastiske forståelsen gjennom åpenbaring av bekjennelsens makt. Nå ser jeg hvor viktig det er at jeg vokter mine ord, og bekjenner det jeg skal bekjenne i Ditt skrevne Ord - og tro det jeg bekjenner. Amen.

Daglig gjennombrudd

20. November

Befest kallet

"Uten åpenbaring farer folket vill, blir folket uten tøyler. Men lykkelig er den som holder loven, holder seg til Guds skrevne Ord." (Ord 29, 11)

"At dere i Ham er gjort rike på alt, på all lære og all kunnskap, liksom Kristi vitnesbyrd er blitt rotfestet i dere." (1 Kor, 5.6)

Den som holder loven og som **lever i Ordet** (ikke bare studerer Ordet rent teologisk), men som helt målbevisst fyller seg med det skrevne Guds Ords sannhet - som blir levendegjort gjennom åpenbaring i Guds nærhet. Når Ordet blir gjort levende, skapes den sterke, fulle bevissthets tro - som forløser løftene til en praktisk virkelighet.

Den som lever i åpenbaringen, har troen og visjonen
Har du åpenbaringer i Skriften og er vel bevandret i den, så lever du i åpenbaringen av Ordet.

Daglig gjennombrudd

Ord vi synes vi forstår, behøver vi ikke nødvendigvis forstå, eller ha troens fulle visshet over. Det er himmelvid avstand fra å kjenne igjen et Ord i Bibelen, til det å ha en full visshet over Ordet, som gjør at du går igjennom ild og vann med det. Det er to forskjellige verdener. Den ene **tror Ordet.** Den andre tror det ikke, og er knapt nok enig med det.

Her er visjonen ut ifra åpenbaringen

"Gud gjør ikke forskjell på folk."
(Apg 10, 34)

Gud ga to hovedåpenbaringer:

1)Elsk din neste som deg selv

"Elsk din neste som deg selv.
(Matt 22, 37-39)

2) Misjonsbefalingen

"Jesus sa: Gå ut i all verden og forkynn evangeliet for all skapningen."
(Mark 16, 15)

Dette er Guds hovedkall (visjon) til alle gjenfødte.

Daglig gjennombrudd

Takk Kjære Far,
for at jeg også er en del av dette
hovedkallet. Takk for at jeg er blitt regnet
blant dem som skal være med å utøve og
gjennomføre dette kallet som Du har gitt til
alle gjenfødte mennesker verden over.
Amen.

21. November
Veien til frafall I

(Vi tar dette over 2 dager).

"Djevelen hadde allerede inngitt Judas Iskariot, Simons sønn, i hjertet at han skulle forråde Jesus." (Joh 13, 2)

"Men det kom en tanke opp i dem om hvem som var størst blant dem. Men da Jesus så deres hjertes tanke." (Luk 9, 46-47)

Frafall kommer ikke over natten
Vi kan se det som skjedde med Judas. Det skjer på nøyaktig samme måte med alle som åpner opp for en "Satans brennende tankepil." (Ef 6, 16)
Det syvfoldige frafall

I
Sinnets tomhet
Viljelivet vårt er den viktigste faktoren. Det er med det vi bestemmer hva som skal inn i vår sjel - eller ikke. Skal **du** styre dine omstendigheters "input", som kommer gjennom dine sanser - eller skal de styre deg? Du bestemmer.

Daglig gjennombrudd

"Forkynneren sier: Alt det mine øyne
(sansene) attrådde, det forholdt jeg dem
ikke.
Og dette var det jeg hadde igjen for alt mitt
strev.
Alt sammen var tomhet og jag etter
vinning." (Fork 1, 1-12) (Les alle vers)
Vi ser Forkynneren har tatt inn i seg alt hans
sanser viste ham, som han kunne nyte godt
av i sitt kjøtt. Men han forsto til slutt at alt
var dårskap.

Kjære Far i himmelen
Jeg ønsker kun å tjene Deg med mitt liv.
Takk for Ditt Ord som er en vokter for meg,
hvis jeg lar det være det. Jeg vil ikke la meg
manipulere av Satans tanker, men alltid
være på vakt for fienden. Jeg vil være Kristi
soldat. Amen.

22. November

Veien til frafall II

"Det samme med Judas, han fikk 30
sølvpenger for å forråde Jesus. For de
pengene kjøpte han en åker. Han aksepterte
Satans tanker og kjøttets lyster. Og enden
på det var at han hengte seg og alle hans
innvoller veltet ut."
(Matt 27, 3-8   Apg 1, 16-20)

Alt endte opp med tomhet, og Satan var på
Judas igjen med fordømmelse over det han
hadde gjort. Satan vil at ditt liv her på
jorden og livet etter skal være et helvete.

«Syndens lønn er døden». (Rom 6, 23)

Mannen i gata
Går vi fra Judas og over til mannen i gata i
dag, så er måten å få mennesket vekk fra
Gud på, akkurat den samme. Når den
brennende Satans pil har blitt godtatt,
vokser "syndebyllen."

Tragediens marsj har begynt.

Daglig gjennombrudd

II Sinnet blir mørkere

Det åpnes mer og mer opp for syndens tanker. Døren inn har allerede blitt åpnet, i det man sa «ja» til kjøttets begjær. Det er ikke mye som skal til før døren inn er åpnet. Det kan begynne med baksnakk, dårlige tanker om andre osv. Når det først har kommet i gang, reagerer man etter hvert ikke på syndige tanker. Det er bare slik det er. Det er ikke så «farlig». Sinnet blitt formørket!

III
Fremmedgjort for Guds liv

Bibellesning og bønn har forsvunnet av seg selv. Å leve som kristen har blitt noe fjernt, likegyldigheten til kristendommen råder.

IV
Hjertets forherdelse

En bryr seg ikke mer om Jesus, men begynner å bli hard i forhold til kristendommen. Fornektelsen øker gradvis og, man blir en Guds fornekter.

V
Følelsesløs for Guds Ånd

Man blir følelsesløs for Guds Ånd og i sin samvittighet, forherdelsen har fått godt tak.

VI
Skamløshet
Man begynner med ting en aldri kunne ha
tenkt seg å gjøre tidligere.

VII
Jeg er min egen Gud
En lar bare sine egne egoistiske lyster råde,
grådighet i alle ting. Satan har fått den
plassen han vil ha.
Frafallet er et faktum.

Takk kjære Far,
for at jeg ble utvalgt til å ta imot frelsen i
Kristus Jesus. Jeg vil av hele mitt hjerte
tjene Ham. Takk for at Din plan med mitt
liv blir en virkelighet, og at jeg kan få tjene
Deg hver en dag av mitt liv. Amen.

23. November
Å gjøre det umulige mulig

"De var begge rettferdige for Gud, og vandret ulastelig i alle Herrens bud og forskrifter. Og de hadde ikke barn; for Elisabet var ufruktbar, og de var begge kommet langt opp i årene." (Luk 1, 6-7)

Engelen kom til Sakarias
«Engelen sa: Frykt ikke Sakarias! **Din bønn er hørt**, og din hustru Elisabet skal føde deg en sønn, og du skal kalle ham Johannes».

Satans «tvils-pil» ble akseptert øyeblikkelig
«Og Sakarias sa til engelen: **Hvordan skal jeg vite dette?** Jeg er jo en gammel mann, og min hustru er langt oppe i årene».

Tvil gjør deg alltid handlingslammet
Og se, **du skal bli målløs**, og ikke kunne tale før den dag da dette skjer, **fordi du ikke trodde Mine Ord,** som skal fullbyrdes i sin tid." (Luk 1, 13-22)(Les alle vers).

Troen drar ikke i åk med vantro (2 Kor 6, 14)

Daglig gjennombrudd

"Men etter disse dager ble hans hustru Elisabet fruktsommelig, og hun trakk seg tilbake i ensomhet i fem måneder." (Luk 1, 24)
"Men for Elisabet kom tiden da hun skulle føde en sønn.
De gjorde tegn til Sakarias for å få vite hva han ville barnet skulle hete.

Troens bekjennelse forløser
Og han ba om en tavle og skrev disse ord: Johannes er hans navn. Og de undret seg alle.
Men straks ble hans munn opplatt og hans tunge løst, og han talte og lovet Gud."
(Luk 1, 57-64)

Sakarias og Elisabet levde gudfryktig
Gud hadde en plan med deres liv, og nå var tiden kommet for dens oppfyllelse. Herrens engel kom med de gode nyhetene til Sakarias, men han trodde det ikke -og ble stum. Elisabet trodde, og trakk seg vekk fra vantroen som Sakarias hadde. Så kom dagen for fødselen, og etter 8 dager skulle navnet gis under omskjærelsen. Da kom Sakarias med **troens bekjennelse -** hans tunge løsnet og han kunne igjen tale.
Vi ser troens prinsipper står evig fast og må følges – troen som vandrer alene

Daglig gjennombrudd

I Bønnesvarets nyhet kom med engelen

II Engelen stoppet munnen på vantroen
øyeblikkelig, så den ikke skulle ødelegge
for bønnesvaret.

III Elisabet trodde og trakk seg tilbake i
fem måneder.

*"Dra ikke i fremmed åk med vantro! For
hva samklang har rettferd med urett, eller
hva samfunn har lys med mørke?*
*Og hva samklang er det mellom Kristus og
Belial, eller hva lodd og del har en troende
med en vantro?*
*Og hva enighet er det mellom Guds tempel
og avguder? Vi er jo den levende Guds
tempel, Gud har sagt: Jeg vil bo iblant dem
og ferdes iblant dem, og Jeg vil være deres
Gud, og de skal være Mitt folk."*
(2 Kor 6, 14-16)

IV Sakarias trosbekjennelse ga ham
stemmen tilbake.
Hvis alle ting faller korrekt på plass,
kommer bønnesvarene.

Det umulige blir mulig.

Daglig gjennombrudd

Takk kjære Far,
for at Du viser meg enkelheten og
viktigheten i å følge Ditt Ord til punkt og
prikke, slik at bønnesvar kan komme. Jeg
forstår at mange svar på bønn ikke har
kommet fram, nettopp på grunn av det jeg
ser i denne historien om Elisabet og
Sakarias. Takk for at jeg kan ta lærdom av
dette. Amen.

24. November
Kraften i Guds Ord

Det jeg nå skriver, er fra første talen jeg holdt på min aller første møtekampanje i Afrika. Da var jeg en ung mann på 23 år, og hadde vært kristen i drøyt 3 år. Ilden i hjertet brant og jeg ville adlyde Kristi befaling. Dette var oppstarten på en verdensvid tjeneste som hittil har vart i 40 år.

(Afrika 15.11.77)

Kraften i Guds Ord

"I begynnelsen var Ordet, og Ordet var hos Gud, og **Ordet var Gud."** *(Joh 1, 1)*

"Ennå en gang vil jeg ryste, ikke bare jorden, men også himmelen.
Derfor da vi får et rike som ikke kan rystes, så la oss være takknemlige og derved tjene Gud til Hans velbehag, med blygsel og frykt!" (Heb 2, 26.28)

"Himmel og jord skal forgå, men **Mitt Ord vil aldri forgå."** *(Mark 13, 31)*

Daglig gjennombrudd

"Og jeg så en stor hvit trone, og Han som satt på den; og for Hans åsyn vek jorden og himmelen bort, og det ble ikke funnet sted for dem." (Åp 20, 11)

Bibelen sier at en dag skal himmel og jord rystes og forsvinne. Men det er en ting som aldri vil bli rystet og bli borte. Det er Guds Ord, som sitter på tronen.

"Jeg er Alfa og Omega, begynnelsen og enden." (Åp 22, 13)

"Gud sa: Bli lys! " (1 Mos 1, 3)

Gud talte Ordet
"Ordet ble kjøtt, og tok bolig iblant oss." (Joh 1, 14)

Det absolutte, det perfekte tok bolig iblant oss. "Han talte Ordet til dem." (Mark 2, 2)

Gud som er Ordet, talte Ordet til dem i lignelse av Sin Sønn Jesus Kristus.

"Hva er lettest, enten å si til den verkbrudne: Dine synder er deg forlatt, eller å si: Stå opp - og ta din seng og gå? Jesus sa: Jeg sier deg: Stå opp - og ta din seng og gå hjem til ditt hus!" (Mark 2, 9.11)

Daglig gjennombrudd

Satans siste forsøk: La Ham komme ned!

"La nå Messias, Israels konge, stige ned av korset, så vi kan se det og tro! Også de som var korsfestet sammen med Ham, hånte Ham." (Mark 15, 32)

Guds Ord viser oss at Ordet er urokkelig, da den endelige, perfekte seier over alt Satans verk var gjort på Golgata. Jesus lot Seg ikke påvirke av Satans Ord som ville ha Ham ned av korset. Jesus visste at Ordet var urokkelig for all evighet.
Og at vi kan stole på det:

"Ved Jesu sår, har du fått legedom."
(Jes 53, 5)

Allerede før talen min var over, begynte demonene å manifestere seg rundt omkring blant de tusen tilstedeværende. Jeg befalte de syke å bli friske i Jesu navn. Mennesker ble helbredet over hele hallen, og kom opp på plattformen for å fortelle hva Jesus hadde gjort for dem.

Dette var oppstarten på en drøm av en virkelighet som fortsatte like sterkt. Guds Ord står evig fast! Det er bare mennesker som forandrer seg, påvirket av Satan. Vi kan fortsette å stå på Guds Ords

Daglig gjennombrudd

virkeligheter så lenge vi er til. Det er seier i Jesus navn!

Kraften er i Guds Ord!

Takk kjære Far
Det som har skjedd i mitt liv, kan skje i alle andres liv, som bærer troen på en slik tjeneste. Ryst vantroens åk av deg, og gå i Jesu navn. Du trenger ingen kontakter, Han er din kontakt. Amen.

25. November

Nå forstår jeg den verden jeg lever i – jeg har blitt født på ny

En verden man ikke forstår – hvis man ikke er født på ny

Du må bli født på ny

For å få en sann forståelse av den fysiske verden vi lever i, kreves det en ny fødsel i et menneskes indre liv. Den nye fødsel kommer ved en full overgivelse av sitt liv til Kristus Jesus, med alt man er som et menneske. Det er dette som er starten - og den eneste starten - for å utvikle åndelig, guddommelig visdom, kunnskap og kjennskap.

Dette vil gi en sann forståelse av den jordiske verden vi lever i, og av den åndelige verden vi også lever i. Vi lever her på planeten Tellus, Jorden. Den er tilholdsstedet for vårt fysiske legeme.

Daglig gjennombrudd

Derimot den andre verden vi lever i, er
åndelig. Den åndelige verden gir igjen
resultater på planeten Jorden fysisk. Den
åndelige verden er den primære, den
jordiske verden er den sekundære. En større
forståelse av dette vil du få, i den grad Guds
Ord, ved den Hellige Ånd, gir deg forståelse
og åpenbaringskunnskap i dette.

**Bibelen, gitt av Gud Jehova for planeten
Jorden**

Vi som født-på-ny mennesker, er gitt
Bibelen til åpenbaring, i den grad det er
nødvendig. Mye av det skrevne Guds Ord,
er skrevet til øyeblikkelig forståelse
gjennom sansekunnskapens kanaler.

**En født-på-ny person har en særskilt
stilling på den planeten vi lever**

En født-på-ny person, en troende av Jesu
Kristi forsoningsverk på Golgata, står i en
særskilt posisjon på Jorden og i den
åndelige verden. Vedkommende har en unik
mulighet til all forståelse Gud vil
vedkommende skal ha.

Takk Jesus,
for at Du leder og åpenbarer i Skriften
gjennom disse daglige åpenbaringer. Takk
for at Du og Ditt Ord kan bli mer levende
for meg enn det noensinne har vært. Amen.

Daglig gjennombrudd

26. November

Den hellige hemmelighet

Den hellige hemmelighet, menes noe som kommer fra Gud. Noe som er holdt tilbake inntil tiden er inne for åpenbaringen av det. Noe som bare vil bli åpenbart for dem som Gud ønsker åpenbare det for. Det greske ordet **«mystisk»**, er oversatt "hellig hemmelighet".

I 1Kor 2, 6-16 underviser Paulus oss om **Guds hemmeligheter,** Guds hellige hemmeligheter (mysterier). Han kaller det **"skjult visdom"** i disse vers, hvor Gud tar sløret bort ved Sin Ånd, til Sine tjenere, Kristi etterfølgere.

Noe som ikke kan forstås av en uren ånd

Dette er noe som ikke kan forstås av en verdslig, uren ånd, eller av menneskelig kunnskap (sansekunnskap). **Åndelige ting** kan bare forstås når det er forbundet til Gud Jehova i **den åndelige verden.** Gud Jehovas åndelige verden er alltid knyttet opp mot Bibelen, og ikke mot Satans tankepiler.

Daglig gjennombrudd

Guds tanker kommer alltid fra Bibelen - Satans tanker kommer med brennende piler til vårt sinn

Er det ikke knyttet opp mot Bibelen, er det knyttet opp mot Satan og demonenes områder i den åndelige verden. Hele den åndelige verden er Guds skaperverk. Satan og demonene beveger seg i sitt tillatte, begrensede område av den.

Guds mysterier er gode mysterier

Guds mysterier har alle sine røtter i det skrevne Guds Ord. Her er alle mysterier vi skal proklamere til verden, for verdens mulighet til frihet i Kristus Jesus.

Et proklamert, åpenbart mysterium, med fundament i Bibelen, setter deg fri - og skremmer Satan og demonene.

Bibelen sier:

"Du skal kjenne sannheten, og sannheten skal sette deg fri." (Joh 8, 32)

Paulus sier:

"Be også for meg, at det blir gitt meg Ord, når jeg åpner min munn, så jeg med stor frimodighet proklamerer evangeliets hemmeligheter, mysterier." (Ef 6, 19)

Jo mer du ser – dess mer har du - i Jesus Kristus.

Takk kjære Far

Det er ingen ende på noe av det som er av Dine verdier. Takk Jesus, for det livet uten grenser i Kosmos som er meg gitt i Deg. Takk for at jeg kan gå dypere og dypere inn i Dine hemmeligheter, at Du har gitt meg adgang til det. Amen.

27. November

Vår tro vinner alltid

Tro Guds Ord

Tro Guds Ord – ha **tillit** til Ham. Vit at Guds kraft er skapende – **handle på Guds Ord.** Troen ser ikke på omstendighetene, den ser kun på hva Guds Ord sier. Tro **handler** alltid og gjør deretter.
Bibelen sier:

"Den lamme skal springe som en hjort."
(Jes 35,6)

Kan en som er lam springe? Nei, ikke ut ifra et naturlig menneskes forutsetninger.
Men ved å tro Guds Ord som sier:

"Jeg er Herren din lege" (2 Mos 15,26),

så er det mulig.
Som jeg sa: Tro er handling.

"Tro uten handling, er en død tro."
(Jak 2,26)

Daglig gjennombrudd

Død tro, er å være "enig" i at Guds Ord er troverdig. Det er kun å betrakte det fra yttersiden, uten å ta del i det.

Tro tar Guds Ord for det Ordet sier, og gjør det

Hvordan kan den lamme springe som en hjort? Jo, fordi Guds Ord sier:

"Jeg er Herren din lege." (2 Mos 15,26)

"Og ved Hans sår har jeg fått legedom." (Jes 53,5)

Den lamme **tror** Guds Ord og handler på det - og er helbredet. Tro er å gjøre det Guds Ord sier. Men en kan si:

"Du har tro, og jeg har gjerninger. Vis meg din tro uten gjerninger, og jeg vil vise deg min tro av mine gjerninger (handlinger)." (Jak 2,18)

Ordet **tro** er et verb, og et verb er alltid et **handlingsord.**

Takk kjære Far

for inspirasjonen Ditt Ord gir til livet. Tenk at jeg har livets opphav som fundament. Da er livet en evig seiersmarsj, hvis jeg tar det på alvor. Amen.

Daglig gjennombrudd

28. November

Tro skryter aldri – tro handler alltid

Det vil jo virke tåpelig å gå rundt og si at en tror sterkt på en ting, uten å gjøre det man sier en tror. Det vil bli som å påstå at et bord tåler en tyngde på tusen kilo, før det knekker, uten å tørre å legge tusen kilo på det.

"Abraham vår far, ble ikke han rettferdiggjort ved gjerninger (handlinger)?"
(Jak 2,21)

Du beviser din tro ved at dine handlinger er i overensstemmelse med Guds Ord. (Jak 2,22)

Den forkrøplete indiske gutten, India

På et møte i India satt det en gutt foran plattformen. Han var forkrøplet i begge beina. Han tok imot de ord som jeg forkynte, Guds Ord (troens ord):

"Ved Hans sår har jeg fått legedom." (Jes 53,5)

Daglig gjennombrudd

Og han handlet deretter. Hva tror du skjedde? Han ble helbredet!
Han sto opp og gikk, fullkomment helbredet! Han fikk oppleve sitt livs under. Han hadde polio, og beina var omtrent bare bein med skinn utenpå. Men underet skjedde. Den indiske gutten trodde Guds Ord og handlet på det. Han sto opp og gikk.

Tro i handling vinner alltid
En kvinne som kom på et av møtene, kunne ikke løfte armene sine. Jeg fortalte henne: Guds Ord sier:

"Ved Jesu sår har du fått legedom."
(Jes.53,5)

Hun trodde det, handlet på det, løftet armene over hodet - og var helbredet.
Der sann tro er – kommer Guds skaperkraft i gang
Det øyeblikket **sann tro** blir satt i **handling** - og du stoler helt og holdent på hva Gud sier - da starter Guds skapende kraft å arbeide, og sykdommen må forlate ditt legeme.
Vær aldri redd for å **tro Gud** og å **handle på Hans Ord**. Husk hva Jesus sa til faren til den lille piken, som var skeptisk til Guds kraft, og som ble meddelt at hun var død. Jesus sa:

Daglig gjennombrudd

*"Frykt ikke, bare **tro!**" (Mark 5,36)*

Tror du virkelig at det er noe problem for Gud å helbrede sykdom? Han som har skapt hele universet med **Sitt Ord!** Tro er å handle på Guds Ord.

Intellektuell enighet er å erkjenne Guds Ords troverdighet, men aldri handle på det. Det er som å stå utenfor et bakeri, og erkjenne at de kakene som er der inne er velsmakende. Og at en gjerne kunne tenkt seg en av dem. Dette gjøres i stedet for å gå inn, kjøpe en, og spise den.
Håp er ikke tro. Håp er framtid.
Tro er alltid nå. Den er ikke passiv, den gjør noe **nå.**
Tro er ikke bare å betrakte Ordets troverdighet, si seg enig med Guds Ord – men det er å ta det til seg, som sitt eget - **nå**. Å handle på Guds Ord, er å gjøre Hans vilje og å handle etter Hans vilje.

Gud blir æret ved at vi handler på Hans Ord.Ved at vi ikke handler på Hans Ord, blir Gud vanæret.
Vær en overvinner, tro og handle på Guds Ord.

Daglig gjennombrudd

Takk kjære Far
Ditt Ord er sannhet og må derfor ikke
trekkes i tvil, hvis vi vil oppleve
virkeligheten av det. Da må vi være
ufravikelige i vår tillit til det. Takk Jesus at
Din åpenbaring av Ordet gjør meg full viss
på alle de områder Du åpenbarer for meg.
Amen.

29. November

Guds Ord er Guds vilje

Når vi leser hva Han har lovet å gjøre, og hva Han har gjort, da vet vi også Hans vilje. Bibelen sier:

" Så kommer da troen av forkynnelsen, og forkynnelsen ved Kristi Ord." (Rom 10, 17)

Den beste måte å få tro for helbredelse på, er å lese alle vers en finner som omtaler helbredelse.
Tro for å bli helbredet kommer ved å lese vers som

Jesaja 53,5:"Ved Hans sår har vi fått legedom."

Siden Jesus Kristus bar våre sykdommer, hvor mange vil Han da helbrede? Han vil da helbrede **alle.** Siden Han tok våre synder på Seg, hvor mange vil Han da frelse?
Han vil frelse **alle.** Miraklenes tid er ikke forbi. Miraklenes tid er i dag.

"Jesus Kristus er i går og i dag den samme, ja til evig tid." (Heb 13,8)

Daglig gjennombrudd

Jesus befaler Sine disipler å gå ut i all verden med evangeliet – og disse tegn skal følge dem som tror (de som handler på Guds Ord). Det var ut i "all verden", for all skapningen - og Han lover å være med dem til verdens ende.
(Mark 16, 15-18   Matt 28,20)

Verdens ende har ennå ikke kommet, og denne befalingen har ikke blitt tilbaketrukket. Så helbredelse og frelse fra Jesus Kristus er for **alle** i dag.

Mark.16, 15: "Gå ut i all verden og forkynn evangeliet for all skapningen."

Så lenge denne befalingen gjelder, så kan **alle** syndere bli helbredet åndelig. Og **alle** syke bli helbredet legemlig, ved å tro på evangeliet.
Jesus Kristus bar **dine** synder, så **du** skulle bli tilgitt. Evig liv tilhører derfor **deg**.
Jesus Kristus bar **dine** sykdommer, så **du** skulle bli helbredet. Guddommelig helse tilhører **deg.** Alt som Jesus Kristus har gjort for oss i forsoningen, må mottas ved tro alene.
En kan ikke få noe fra Gud ved eget strev. Alt vi mottar fra Gud, bringer vi Ham ære og takk for.

Daglig gjennombrudd

Syndere må godta Guds Ord som sant, og tro at han er tilgitt, før han kan oppleve gleden i frelsen.

Den syke må akseptere Guds Ord som sant, og tro at han er helbredet, før han kan oppleve gleden av fysisk helbredelse.

"Men **alle** *dem som tok imot Ham, ga Han rett til å bli Guds barn, født på ny, født av Gud!" (Joh1,12-13)*

"Alle de som rørte ved Ham, ble helbredet." (Mark 6,56)

Hvordan kan vi dø, uten synd og sykdom? Vi vil jo leve legemlig evig.
Bibelen sier:

"De drar deres livsånde tilbake, de dør og vender tilbake til sitt støv." (Salme 104, 29)

Videre står det i Job:

"Du skal i fullmoden alder gå i graven, liksom kornbånd føres inn i sin tid."
(Job 5, 26)

Guds Ord er Guds vilje for deg!

Daglig gjennombrudd

Takk kjære Far

Er det noe i denne verden jeg ønsker og bli "sjelevasket" på, så er det Ditt Ord, som er den evige sannhet. Hele jorden og dens åndelige verden vil vakle. Menneskeheten får Satans ord inn bakveien, slik at ingen merker noen ting. Alt i den fysiske verden virker så greit. Takk Jesus at jeg vet hva som er virkeligheten og sannheten. Det er Deg og Ditt Ord. Det vil jeg bli «sjelevasket» på. Amen.

30. November

Hvordan beholde det du har fått?

Mange mennesker opplever bønnesvar – og de priser Gud for løsning på sine problemer. Men så plutselig opplever en del at "problemet" er tilbake igjen. Og de begynner straks å si: "Nå er problemet her igjen", eller "det var det jeg tenkte".

Hvorfor kom deres problem tilbake igjen?

1) Sette sin lit til forkynneren

Mennesker setter sin tro til forkynneren fremfor Guds Ord. Mange kristne går fra forkynner til forkynner for å få forbønn. Det blir en vandring fra skuffelse til skuffelse. Etter forbønn føler noen seg kjekke en stund, for så å gå til forbønn for den samme tingen igjen. Andre opplever aldri utfrielse fra sitt problem. Det blir bare en evig jakt etter den rette forkynneren.

«Jeg så troen i deg» (hudkreft, Speilet kino, Fredrikstad)
Jeg husker en kvinne som kom til forbønn for hudkreft på beinet. Dette var

Daglig gjennombrudd

i Speilet kino i Fredrikstad. Hun ble momentant helbredet, det tørket inn og forsvant. Etter en måned fikk jeg en oppringning fra henne. Da hadde hudkreften kommet tilbake. Kvinnen var blitt motløs og forsto ikke dette. Jeg hadde da en samtale med henne.

Kvinnen grep tak i min tro
Jeg spurte om hun hadde tro for å bli helbredet den gangen jeg ba for henne. Hun svarte: "Nei, det hadde jeg ikke, men jeg **så at du trodde** at jeg ville bli helbredet. Så jeg grep fatt i din tro".
Dette er dessverre ganske vanlig.
Hør hva Guds Ord sier om dette:

"Forbannet er den mann/kvinne som setter sin lit til mennesker." (Jer 17, 5)

Som du ser, så kan det ikke komme noen velsignelse ut av det å sette sin lit til forkynneren fremfor Gud.

2)   Sette sin tillit til sansene

Den andre typen er de, som i stedet for å sette sin lit til Guds Ord, setter sin lit til hva sansene forteller. Kun hva sansene viser kan godtas – ikke Guds Ord. Hvis de ikke ser med egne øyne at sykdommen er borte, så

Daglig gjennombrudd

er de ikke legt. Hvis de ikke føler at sykdommen er borte, så er de heller ikke legt. Hvis ikke alle symptomer forsvinner på sekundet etter forbønn, så er de i hvert fall ikke helbredet. Dette er også ganske vanlig.

3) Sette sin lit til Guds Ord

Men så har du de som velger å tro Guds Ords bevis, fremfor forkynnerens tro og sansenes bevis. Det er her din **vedvarende seier** over omstendighetene ligger. Når Jesus har gjort verket – Guds Ord sier det – da er det slik!

Kvinnene som ga sin tillit til Guds Ord (Afrika)
Kvinnen tok sin helbredelse på Guds Ord
Jeg husker en kvinne i Afrika, hun var lam i venstre bein. Jeg kom hjem til kvinnen for å be for henne. Det første jeg gjorde var å spørre henne om hun trodde Jesus ville helbrede henne. Da svarte hun: **"Bibelen sier** at Jesus har tatt all sykdom på Seg, og at hender skal legges på de syke, og de skal bli helbredet".
Etter hennes trosbekjennelse, la jeg den ene hånden min på hennes bein. Jeg befalte lammelsen å forlate beinet i Jesu navn. Etter forbønn reiste kvinnen segopp og gikk, momentant helbredet. Hun trodde ikke på

meg som ba for henne, heller ikke på sine følelser, men på Guds Ord. Ordet som **er** og **blir** uansett skiftende omstendigheter.

Takk kjære Far i himmelen,
for at jeg alltid kan ha min fulle tillit til Ditt Ord. Det er fordi Du har åpenbart det for meg, at jeg har den tilliten. Du har åpenbart det for meg, fordi jeg har søkt Deg og gått ut på Ordets løfter - og mottatt mine åpenbaringer personlig fra Ordets sannhet, som er Deg. Amen.

Desember

Innhold
Radiotaler 1982

Daglig gjennombrudd

Hva velger du å bekjenne? I
Hva velger du å bekjenne? II
Innta bevisst din mottager posisjon I
Innta bevisst din mottager posisjon II

Radiotale 1982

Jeg var "på luften" med de aller første frie
radiosendinger i Norge. Det skjedde da
statsmonopolet ble brutt, og NRK ikke
lengre var enerådende. Jeg hadde faste
radiosendinger i ett år. Etter hvert ble det
TV-program, da monopolet også der ble
brutt. Dette var pionertider. Her kommer en
del av radiotalene i dagene framover.

1. Desember

Gud har ingen favoritter

"Peter sa: Jeg skjønner i sannhet at Gud ikke gjør forskjell på folk." (Apg 10, 34)

Mange kristne har "åndelige mindreverdighetskomplekser". De forstår at Gud kan bruke andre, men ikke dem. For sin egen del sier de: "Det er så mye som må ordnes først." Hvis du skal "ordne opp" alt først, da vil djevelen sørge for at det alltid er noe nytt å "ordne opp" i.
Du vil aldri oppleve seier, hvis ikke du kommer ut av "ordne opp" fella.

Du kan bli fri "fella".

"For våre brødres anklager er kastet ned." (Åp 12, 10)

"Så er det da ingen fordømmelse for den som er i Kristus Jesus." (Rom 8, 1)

"For Gud ga oss ikke motløshetens ånd, men kraft, kjærlighet og sindighets ånd." (1 Tim 1, 7)

Daglig gjennombrudd

Dette er sannheten om din stilling innfor Gud - hvis du tror det

Tro ikke lenger Guds tale om hvor mye du må "ordne opp" først.

Tro Gud som sier kom, så "kom – så ordner vi opp" på veien.

"Gud gjør ikke forskjell på folk."
(Apg 10, 34)

Forskjell på mennesker, gjør heller ikke djevelen. Slutt bevisst å tro hans løgner. Bestem deg for å bevisst tro hva Gud sier om din stilling hos Ham, og du vil være fri.

Takk kjære Far,

for at jeg er like mye verd som alle andre og har like mye muligheter som alle andre. Du gjør ikke forskjell på noen, heller ikke på meg. Takk at jeg kan bli akkurat den Du vil jeg skal være, hvis jeg bare velger å tro jeg kan bli det. Takk for at Du har åpnet mine øyne gjennom åpenbaring, så jeg forstår dette nå. Amen.

Daglig gjennombrudd

Radiotale 1982
2. Desember

Du er verdt alt

Aksepter ikke lenger nederlags tanker som kommer til deg. De er alle Satans tanker. Hør her:

"For våre stridsvåpen er ikke kjødelige, men mektige for Gud til å omstyrte festningsverker, i det vi omstyrter tankebygninger og enhver høyde som reiser seg imot kunnskapen om Gud, og tar enhver tanke til fange under lydigheten mot Kristus." (2 Kor 10, 4.5)

"Djevelen er en løgner og han er løgnens far." (Joh 8, 44)

Og sannhetens Ord, Guds Ord sier:

"Gud gjør ikke forskjell på folk."
(Apg 10, 34)

Bibelen sier: *"For så har Gud elsket verden, at Han ga Sin Sønn den enbårne, for at hver den som tror på Ham ikke skal fortapes, men ha evig liv."* (Joh 3, 16)

Daglig gjennombrudd

Den prisen Jesus betalte i Sitt forsoningsverk, er din verdi

"Liksom mange ble forferdet over Ham – så ille tilredt var Han at Han ikke så ut som et menneske, og Hans skikkelse var ikke som andre menneskebarn." (Jes 52, 14)

"Kristus kjøpte oss fri fra lovens forbannelse, idet Han ble en forbannelse for oss (for deg), for det er skrevet: Forbannet er hver den som henger på et tre." (Gal 3, 13)

Jesus ga alt – du er verdt alt

Takk Far i himmelen,
for at jeg kan bruke Ditt Ord som et skjold og sverd. Jeg kan nedkjempe Satans tanker i mitt tankeliv, fullkomment - med Ditt Ord. I stedet for Satans tanker, kan jeg la Ditt Ord bli det som fyller mitt sinn og styrer mitt liv. Takk Jesus for denne muligheten, og at jeg kan få være i Din vilje med mitt liv. Amen.

Radiotale 1982

3. Desember

Hvordan beholde det du har mottatt?

Mange mennesker opplever bønnesvar, og de priser Gud for at de har fått en løsning på problemet. Men plutselig opplever enkelte at problemet er tilbake igjen. Da sier de "problemet er tilbake", eller "det var det jeg tenkte".

Hvorfor kom problemet tilbake?
Til det har jeg to svar:

I
De satte sin tro til eventuelle **forkynnere** i stedet for Guds Ord. Kan du ikke be for meg? Dette er meget vanlig. Hør hva Bibelen sier om den saken:

"Hold ikke kjøtt for arm, forbannet er den mann som setter sin lit til mennesker."
(Jer 17, 5)

Over hele verden

Daglig gjennombrudd

Over hele verden har jeg sett mennesker
sette sin lit til det Guds Ord jeg har talt til
dem. De har valgt å tro, og sette sin tro ut i
praktisk handling. Hvis du sier at «Gud har
sagt det er slik», velger de å tro det. Det
som da skjer, er at mennesker opplevr
utfrielse der og da fra sine plager.

II
Den andre type menneske, setter sin lit til
sine **sanser** fremfor Guds Ord. Da er de
fanget i sansenes område, der Satan har
makten.

De som tror Guds Ord
Det er her din seier ligger! Tro Ordet!

Kvinnen i Afrika
Jeg husker denne kvinnen spesielt, i en by
som het Maua. Da jeg skulle be for syke i
slutten av møtet, var kvinnen helt klar. Hun
sto nær plattformen. «Nå ber jeg en bønn»,
sa jeg - kvinnen kastet øyeblikkelig
krykkene og gikk helt normalt. «Jeg stoler
på Gud!» ropte hun.

**Vil du også være blant de som stoler på
Gud og Hans Ord?**
Vår kamp er en **troens** kamp, kampen
mellom Satans ord og Guds Ord - til vårt
tankeliv. Satans tanker kommer som de vil

Daglig gjennombrudd

mot vårt tankeliv. Guds Ord derimot, må vi selv ta inn bevisst. Dette er ditt livs kamp for seier!

"For vi har ikke kamp mot kjøtt og blod, men mot makter, mot myndigheter, mot verdensherrer i dette mørket, mot ondskapens åndehær i himmelrommet."
(Ef 6, 1)

"Men i alt dette vinner vi mer enn seier."
(Rom 8, 37)

Du kan beholde det du har mottatt.

Takk kjære Far,
for at løftene og svarene er mine, i Deg. Men Satan gir seg ikke, selv etter at jeg har mottatt bønnesvar fra Deg. Men nå ser jeg klart hvordan han opererer. Etter at jeg har mottatt bønnesvar, vil han ta det fra meg. Jeg godtar ikke det lenger. Jeg vil bruke Ditt Ord, slik som det nå klart har blitt åpenbart for meg. Amen.

Daglig gjennombrudd

Radiotale 1982

4. Desember

Hver gang du bekjenner nederlag – styrker du Satans posisjon i ditt liv

"Jesus sa til Satan: Det står atter skrevet: Du skal ikke friste Herren din Gud."
(Matt 4, 4)

Dette skal du også si til Satan midt i dine vanskeligheter. «**Det står skrevet**», og så legger du til Bibelens løfte for ditt behov.

Det står skrevet:
"De (du og jeg) seiret over ham, Satan, i kraft av Lammets blod og de Ord de vitnet."
(Åp 12, 11)

Kristendom er en troens bekjennelse.
Vi bekjenner Jesu fullbrakte verk, ikke noe annet. Ikke skift bekjennelse annen hver dag, etter som du "føler deg". Da stoler du på følelser og ikke Guds Ord.

Tro at du er en seierherre i Kristus Jesus.

Daglig gjennombrudd

"Jesus sa: Se, Jeg har gitt dere makt."
(Luk 10, 19)

Tro at du er mer enn en overvinner. Ikke la Satans tanker overstyre dine følelser. Stå fast på Guds Ords løfter – uansett hva følelsene sier til deg.

"Den ugudelige flyr uten at noen forfølger dem, men de rettferdige (de frelste gjenfødte) er djerve, modige som ungløven." (Ord 28, 1)

"Gi ikke djevelen rom." (Ef 4, 27)

Seieren er vår, hvis vi bruker Guds seier i Ordet som foreskrevet for oss.
Tro og bekjenn deg til en varig seier i Kristus.

Takk kjære Far
Jeg ser det er en vei å gå for å komme inn i en stabil seier. Satan gir meg ingenting gratis, han henger på - til han ser jeg står sterkt i Deg. Da slipper han løgnens tak. Takk at jeg ser og forstår dette nå, gjennom Ditt åpenbarte Ord. Amen.

Radiotale 1982
5. Desember

Har du ditt fundament i Guds Ord – vil du aldri miste det du har fått

Ha alltid din bekjennelse på Guds Ord helt klar. Jeg snakker ikke om en panisk, kjødelig memorering, om og om igjen. Det er kun kjødelig/sanselig bekjennelse, styrt av frykt. Vi beveger oss på et annet område. Vi er på **troens** område. Hør her:

"Frykt ikke bare tro." (Luk 8, 50)

Din personlige troskamp

Her er en hovednøkkel. Det er her selve kampen står. Seieren er vunnet av Jesus, men **din kamp** for å få **Jesu seier** til å bli din, er **din troskamp.**

Din troskamp

Den kamp er det bare du som kan vinne. Du må kjenne Guds Ord, du må grunne på Skriftens løfter. Du må søke Gud, du må være i Hans nærvær og lytte til Ham. Han vil gi deg den fulle visshet på Sitt Ord, i det

Daglig gjennombrudd

aktuelle området for deg. Når den vissheten kommer, så tror du det.

Den troen **bryter åket** øyeblikkelig!

"Kast all deres sorg på Ham, for Han har omsorg for dere." (1 Pet 5, 7)

"Dersom da dere som er onde vet å gi deres barn gode gaver, hvor meget mer skal da deres Far i himmelen gi dem gode gaver, som ber Ham!" (Matt 7, 11)

"For vi går inn til hvilen, vi som er kommet til troen." (Heb 4, 3)

Troens hvile

For å komme inn i troens hvile, må det gjøres et disiplinert målbevisst arbeid. Dine "sansers inntak" må alle prøves på Guds Ord. Dette vil etter hvert som Ordet fester seg i ditt sinn og ditt "sanseapparat", blir mer disiplinert, og gå bedre og bedre. Etter hvert vil du komme inn i **troens fulle visshet,** som igjen gir troens hvile.

Du vil prøve/skjelne hva som er Herren og hva som ikke er Herren på en lett måte.

Dette er møysommelig og langsiktig arbeid. Det tar lang tid å få dette solid etablert i deg.

Har du ditt fundament i Guds Ord, vil du aldri miste det du har fått.

Daglig gjennombrudd

Kjære Far i himmelen
Jeg takker Deg for denne åpenbaring, som
tar meg bak sløret, og viser hva jeg må
gjøre for å bli en "sterk" kristen. Jeg vil gå
denne veien, selv om det tar lang tid og er
mye arbeid. Amen.

Daglig gjennombrudd

Radiotale 1982

6. Desember

Tyven, din beseirede fiende

"Jesus sa: Tyven, djevelen, kommer bare for å stjele, myrde og ødelegge, Jeg er kommet for at dere skal ha liv, og liv i overflod." (Joh 10, 10)

"Dertil er Guds Sønn åpenbart, at Han skal gjøre ende på fienden og den hevngjerrige." (1 Joh 3, 8)

"Han, Jesus, avvæpnet maktene og myndighetene og stilte dem åpenlyst til skue, idet Han viste Seg som seierherre over dem på korset." (Koll 2, 15)

Jesu menighet på jord er seierherre over Satan og demonene. Men det sørgelige er, at største delen av Kristi menighet - er bundet av den de skulle være herre over! Alle vi som er født på ny, er nye skapninger og lemmer på Kristi legeme, og tilhører Kristi menighet. Kristi menighet er global/universal - og er en.

Daglig gjennombrudd

Du skal ikke lenger gå med på å være bundet av Satan

Vi har "seiersboka", Bibelen, med alle Guds løfter - og hvordan utøve løftene.

Han er trofast som ga løftet." (Heb 10, 23)

"Gud sa: Jeg vil våke over Mitt Ord, så Jeg fullbyrder det." (Jer 1, 12)

«Alle troende kan bli seiersherrer over Satan og demonene», uttalte den avdøde kjente forkynneren F.F. Bosworth, forfatteren av boken "Christ the Healer".

Da Jesus sto opp igjen fra de døde, etterlot Han bak Seg en evig beseiret Satan

Tenk alltid på Satan som beseiret! Tenk på Satan som den Jesus (og du i Jesu navn), har full autoritet og kontroll over.

"Vi er Hans, Jesu verk, skapt til gode gjerninger/handlinger i tro." (Ef 2, 10)

*"Hvis noen er i Kristus, da er han en ny skapning, det gamle er borte, se **alt** har blitt nytt." (2 Kor 5, 17)*

Vi er nye i Kristus. Vi er skapt med potensialer som seiersherrer over ondskapen, seiersherrer over Satan.

Kristi kropp (menigheten), hvor Jesus selv er hodet, er et 100 % seierslegeme over Satans og demonenes verk.

"Vi er Hans legemes lemmer." (Ef 5, 30)

Himmelske Far
Takk for at Du avvæpnet ondskapens makter ved Kristus på korset – og Du er trofast som ga løftet. Åpne mine øyne enda mer så jeg kan gripe dette fullt ut. Amen.

Daglig gjennombrudd

Radiotale 1982
7. Desember

Hva Kristus er, har vi blitt

"Jesu sa til disiplene: Den som tror på Meg, han skal gjøre de gjerninger Jeg gjør, og han skal gjøre større enn disse; for Jeg går til Min Far." (Joh 14, 12)

Vi har som Jesu disipler, blitt gitt autoriteten til å gjøre de samme gjerninger som Jesus gjorde, ved å gjøre de **i Hans navn.**
Det forteller oss at **Gud ser oss i Kristus Jesus.**

Jesu fylde, Hans muligheter er i deg som en gjenfødt kristen

"For av Hans fylde har vi alle fått."
(Joh 1, 16)

Ved å fortelle hva Satan gjør i våre liv – er å fornekte hva vi er i Kristus Jesus!

Daglig gjennombrudd

Når du vet at **du er** – hva **Kristus sier du er.**
Når vi bekjenner det Guds Ord vi tror – og handler på det,
da blir Gud æret – og tyven, Satan, blir gjort til skamme.

Satan kan ikke stjele fra deg – når du vet hvem du er – og bekjenner, tror/handler på det.
Satan, tyven er din beseirede fiende.

"Jesus sier: Alt er mulig for den som tror."
(Mark 9, 23)

Da mener Han **alt**. Guds Ord er Gud, og mener hva det sier!

Husk dette: Da Jesus sto opp igjen fra de døde – etterlot Han en evig beseiret Satan bak Seg!

Hva Kristus er – har vi blitt.

Kjære Far

Jeg takker for hva jeg er i Deg, og at de samme muligheter er i meg som var i Kristus, fordi i dag er Kristus i meg. Jeg har blitt gitt Hans autoritet i Hans navn, i Jesu navn. Amen.

Daglig gjennombrudd

Radiotale 1982
8. Desember

Voksende tro

"Jesus sa: Alt er mulig for den som tror."
(Mark 9, 23)

Den potensielle sterke troen er født i alle gjenfødte kristne.

Fra svak til sterk tro

"Paulus sa: Ta dere av den som er svak i troen." (Rom 14, 1)

Hva mente Paulus med det?
Gjenfødte kristne med mangel på kjennskap, kan ha kunnskap til Guds Ord, sannheten. Det teoretiske, teologiske ord de har fylt seg med, har to mangler.

I Åpenbaringskunnskap

Søk Gud av hele deg om åpenbaring over det Guds Ord du fyller deg med, og grunn på det (meget viktig).

Daglig gjennombrudd

"Jesu sa: Dersom dere blir i Meg, og Mine Ord blir i dere, da be om hva dere vil - og dere skal få det." (Joh 15, 7)

Dette fungerer i ditt liv, når Ordet er åpenbart/levendegjort i deg.

II Handling på det åpenbarte Ordet

Aktiver i handling Jesu løfter. Få dine egne personlige erfaringer på at løftene fungerer i praksis, gjennom deg - i Jesus navn. Dette er de sterkeste åpenbaringer du kan få, og de viktigste.

«Liksom Kristi vitnesbyrd (martyrium, gresk) er blitt rotfestet i dere».

Du får dine egne praktiske erfaringer på at evangeliet fungerer i praksis, i deg. Det blir en solid, rotfestet del av deg. Det blir et åpenbaringens fundament av Guds løfter i deg.

Jobb målbevisst med saken, og den bevisste troen vil vokse i deg.

"Tro er full visshet om det som håpes, overbevisning om ting som ikke sees." (Heb 11, 1)

Daglig gjennombrudd

Takk kjære Far,
for disse fantastiske muligheter som er gitt
meg. Jeg vil arbeide målbevisst sammen
med Deg, gjennom Ditt Ord, og ønsker den
sterke bevisste troen i meg. Amen.

Radiotale 1982
9. Desember

To slags tro

Død tro

Bibelen sier: "Slik også med troen, har den ikke gjerninger (handlinger), er den død i seg selv." (Jak 2, 17)

Du ser at død tro er også en slags tro, men den er uten liv. Et dødt menneske er fremdeles et menneske, men det er et dødt menneske.
Du kan si: «Jeg tror, jeg tror». Det vil ikke hjelpe deg noen ting, det er en død tro. Det er kun ord du sier med din munn. Du må **sette det du tror ut i praksis.** Du må gjøre det Ordet sier du kan gjøre. Da tror du løftet.

«Liksom legemet er dødt uten ånd, så er troen død uten handlinger». (Jak 2, 26)

Daglig gjennombrudd

Levende tro

Når du lever fylt av Guds Ord, søker og lytter til Gud, og forventer at Han skal levendegjøre (åpenbare) Ordet for deg - **da vet du** at Ordet er sant. Ingen tvil har noen som helst mulighet til å ta det du har **tro** for, ifra deg. Du vet hva du tror.

Den åpenbarte, levende troen

"Tro er full visshet om det som håpes, overbevisning om ting som ikke ses."
(Heb 11, 1)

Åpenbaringen gjør deg fri i Kristus. Den utvider din troens horisont og fundament. Du bygger ikke lenger på dine **sansers** bevis, kun på **troens** bevis.

Den seirende troen

"Jeg vil vise min tro av mine handlinger."
(Jak 3, 18)

"Jesu sa til mannen med den visne hånden: Rekk din hånd ut! Og han rakte den ut, og den ble frisk igjen som den andre."
(Matt 12, 13)

Gjør din tro sterk – gjør den levende – du har muligheten hvis du vil

Daglig gjennombrudd

Dette har jeg opplevd over hele verden: De syke har **handlet** på Guds løfter jeg har proklamert - og har blitt satt fri fra sine plager. Du skulle vært der og sett det. Tenk når de kommer med traktorhenger full av syke for å bli helbredet. De kommer flygende til møtene fra andre deler av nasjonen for å bli friske. **Da** har de bestemt seg for å **sette sin tro ut i praksis!** De kom, de trodde, de mottok.

Mennesker kommer – de tror – de blir helbredet

Jeg var ferdig med møtet på kvelden. Tusener hadde gitt sine liv til Jesus, mengder var blitt helbredet. Jeg var tilbake der jeg overnattet. Plutselig kom noen og banket på døren. Eieren av huset gikk og åpnet. Det var en mor med tre døtre som alle var døvstumme. De hadde funnet ut hvor jeg bodde. Jeg sa til huseieren: «La de komme inn».

Der sto de foran meg. Jeg begynte med å prate rolig med moren. Mens jeg **snakket** med henne, fikk den ene datteren hørselen tilbake. Så kom hørselen og stemmen tilbake på de to andre. Og så kom stemmen tilbake til den første. Dette skjedde alt i løpet av et par minutter. Jeg ba ikke engang for dem.

Daglig gjennombrudd

**De kom – de trodde – de ble alle
helbredet.**

Takk Jesus,
at Din seier er evig og fungerer gjennom oss
i dag, som den gjorde gjennom Deg da Du
vandret rundt i Israel. Takk at jeg kan utøve
den troen hver dag i Ditt navn. Amen.

Radiotale 1982
10. Desember

Troens fiende nr. 1: Tvilens ånd

Som nevnt forrige dagen, så har ikke Satan noen mulighet til å hindre deg i å tro - eller å få din tro til å vokse seg sterk - hvis du **vil** og **vet** hva Guds Ord sier.

Men Satan satser alt på å hindre deg i å **bruke din tro,** og å motta hva Gud har for deg.

Satans første våpen er: Tvil

Satan kommer med tvilens ord på Guds troens Ord.

"Jesus sa: Dere skal kjenne sannheten, og sannheten skal sette dere fri." (Joh 8, 32)

Så jeg gir dere sannheten angående tvilen - og du blir fri tvilen, du blir herre over tvilen.

Fiende nr.1 – tvilen

Tvil er ikke noe et menneske kan produsere. **Tvil er en ånd,** som tro er en ånd.

Daglig gjennombrudd

Mange kristne sier: "Jeg tviler så mye".
Dette er ikke sant. Vi må bare få satt ting på
sin rette plass. Menneskets
sjel/personlighet, er i utgangspunktet et
område hvor kun Guds tro har fått en plass,
selv før vi ble født på ny. Det er fordi vi er
skapt i Guds bilde, med evigheten i våre
hjerter. Les dette i Forkynneren 3, 11 og
Efeserbrevet, 2, 8. Den **troen** som fører oss
fram til frelsen, er en **Guds gave,** lagt ned i
oss.

Krig i ånden om din sjel
Du har blitt født på ny, du har begynt å fylle
deg med Guds løfter, Guds Ord.

Husk: Ord er ånd.
Du ønsker å tro løftene. Men
åpenbaringskunnskapens Ånd, den Hellige
Ånd, har ennå ikke kommet og levendegjort
løftene for deg, slik at din tro vokser. Men
en **grunnleggende tro** er der.

Tvilens ånd kommer
Men tvilen kommer og forsøker å få aksept
av deg. Tvilen identifiserer seg med deg og
sier: «Jeg tviler på Guds Ord». Den
kommer som tankeord til ditt sinn. Hvis du
aksepterer tanken, så går den fra å være en
undertrykkelse på yttersiden, til å være
tvilens ånd som binder deg i din

Daglig gjennombrudd

sjel/personlighet, ditt tankeliv. Som tro er en ånd, er tvil en ånd.

Vi fortsetter på dette i morgen. **Husk: Som tro er en ånd er tvil en ånd.**

Takk kjære Jesus,
at Du underviser meg hvordan jeg på en praktisk måte kan komme i posisjon med Deg og Ditt Ord - og leve i seier. Amen.

Radiotale 1982
11. Desember

Krigen er i gang

Tvilen er det første Satan angriper deg med, for å avvæpne deg som en kristen. Dette har han gjort siden de første mennesker på jorden var her, Adam og Eva. Denne tvilen har han klart å gjøre "dagligdags". Han har gjort tvilen akseptabel. Du kan jo ikke tro alt? Den har du hørt. Satan har flettet seg inn i menneskets sinn. Derfor må vi få tingene helt klare, så vi kan seire hver gang.

Bibelen sier:

"Men han be i tro, uten å tvile, for den som tviler, ligner havsbølgen som drives og kastes av vinden.

For ikke må det menneske tro at han skal få noe av Herren.

Slik en tvesinnet mann, ustø på alle sine veier." (Jak 1, 6-8)

Daglig gjennombrudd

Etter å ha **godtatt tvil** – er du avskåret fra ethvert svar på bønn! Du har blitt et offer for Satans 6000 år gamle taktikk. Du har blitt ufarlig for Satan.

Hvordan få seier over tvilen?

Paulus sa: «Og grip foruten alt dette, troens skjold (Guds Ord), med hvilket dere skal kunne slukke alle den ondes brennende piler». (Ef 6, 16)

Krig i ånden i Sudan

Dette var de første offentlige møter i Sudan til kun muslimer, samtidig med oppstarten av borgerkrigen i landet. Masse mennesker møtte opp. I første møtet, da tiden kom for demonstrasjon av Guds kraft, ba jeg en helbredelsesbønn for alle i hallen som var syke. Men ingen sa at de var blitt helbredet - det var ikke en lyd var å høre. Bare taushet. Jeg sa det igjen: «Ved Jesu sår har du fått legedom, kom ned og fortell hva Jesus har helbredet deg ifra». Det var helt stille fremdeles.

Da kom tvilens ånd som en rakett med ord til mitt sinn! Men da løftet jeg troens skjold og sa: «Stopp! I Jesu navn!» Guds Ord er evig sant. Så sa jeg det en gang til høyt: «Ved Jesu sår har du fått legedom».

Daglig gjennombrudd

Plutselig kom en kvinne fram i full fart.
Hun sa: «Da du sa "ved Jesu sår har jeg fått
legedom" **tredje gang,** da forsvant
migrenen som jeg har hatt i mange år!»
Etter at hun vitnet om denne helbredelsen,
kom mange fram for å vitne om
helbredelser de hadde opplevd.

Vi er krigere i ånden

Ser du krigen i ånden? Med ord, som alle er
åndelige. Jeg vant krigen, fordi jeg **valgte å
la Guds Ord vinne** over alle tvilens
inntrykk gjennom sansene, som kom med
bilder og med ord til tankene mine. Dette
ble oppstarten på at evangeliet gikk som en
præriebrann utover hele nasjonen Sudan.

*«Jesus sier: Sannelig sier Jeg dere: Den
som sier til dette fjell: Løft deg opp og kast
deg i havet, og ikke tviler i sitt hjerte/sin
sjel, men tror det han sier skal skje, han
skal det vederfares (motta, gresk, aktiv
handling)».*

Takk kjære Far,

for at Du lærer meg åndelig krigføring slik
den virkelig er, og viser hvor den skal
utføres. Den skal utføres der ute i den
fysiske, tredimensjonale verden, der fienden
er. Amen.

Daglig gjennombrudd

Daglig gjennombrudd

Radiotale 1982

12. Desember

Troens natur I

"Tro er fullvisshet om det som håpes,
overbevisning om ting som ikke ses."
(Heb 11, 1)

Dette er troens natur, dette er kjærlighetens natur, dette er Guds natur.

Slik skapte Gud Jehova alle ting før Adam

Gud Jehovas to skapelsesmetoder:
I
Gud skapte uten mennesket – før Adam
Gud har skapt alle ting på samme måte, fra Han skapte Sine aller første ting. Gud skapte **ved Sin Ånd og Sine Ord**. Dette ser ut til å være måten alle grunnelementer i hele skaperverket (i kosmos) er gjort på.

Gud talte troens Ord, Sitt eget Ord

"Gud sa: Bli lys - og det ble lys!"
(1 Mos 1, 3)

Daglig gjennombrudd

"Og Gud så på alt Han hadde gjort, og se, det var såre godt." (1 Mos 1, 31)

II
Gud skapte med mennesket - etter Adam

Like fra vegetasjonen ble skapt på jorden, ser vi at mennesket er med i skapelsesprosessen. Etter Adam kom, begynte en annen prosess. Da ble ting skapt ved **Guds Ord/Ånd,** den Hellige Ånd - og **gjennom mennesket.**

Guds Ord/Ånd og gjennom det troende/handlende/aktive/adlydende mennesket

Guds Ånd talte Ord - og ting ble skapt. Dette var før mennesket ble skapt. Etter mennesket ble skapt og formet av Gud, inkluderte Gud mennesket i skapelsesprosessen. Dette skjedde da Adam kom. Siden den gang har skapelsesprosessen vært lik.

Vi tar tak i Guds løfter, Guds Ord, Gud åpenbarer det for oss. Vi mennesker tror det/handler på det, og den Hellige Ånd virkeliggjør det i den fysiske verden. Slik har det fungert siden Adam.

Dette er det viktig for os å ha åpenbaring over.

Daglig gjennombrudd

Vi skal ikke la Satan få manipulert oss på noe punkt, vekk fra vårt samarbeide med Gud.

(Vi fortsetter i morgen).

Takk kjære Far,
at Du lar meg få et åpenbaringens glimt inn i Din skapelsesprosess.
Amen.

Daglig gjennombrudd

Radiotale 1982
13. Desember

Troens natur II
Skapelsesprosessen med mennesket involvert
Guds Ord

I 1. Mosebok 2,5.7 viste Gud meg at det skrevne Guds Ord alene ikke var nok. Det skrevne Guds Ord må bli åpenbart og levendegjort ved Guds Hellige Ånd.

Vannet er et bilde på den Hellige Ånd

Vers 5 forteller meg at det "ikke hadde kommet noe regn enda."
Da gikk det et lys opp for meg: Vannet er et bilde på Guds Hellige Ånd. Da forsto jeg at Guds Ånd måtte levendegjøre de døde ordene, slik at de kan bli det levende Guds Ord.

Den levendegjørende Ånden

"Men det hadde ennå ikke regnet på jorden". Men dette var heller ikke nok.

Mennesket

Det måtte også komme "et menneske som kunne dyrke jorden".

Daglig gjennombrudd

Et menneske som den Hellige Ånd kunne arbeide igjennom.

Vers 5: *"Det var ikke noe menneske til å dyrke jorden"*

Alle elementene på plass

Nå som mennesket hadde kommet, var alle nødvendige elementene på plass for å skape. **Ordet – Ånden – mennesket** – var nå tilgjengelig på jorden. Alle nødvendige elementer var til stede. Gud formet og dannet Adam (vers7).
Fra vers 7-14 ser vi alle ting skje.

Den måten Guds naturs trosprinsipper fungerte på fra Adams tid, er de samme trosprinsipper Jesus lært oss i Sitt Ord.

Her ser jeg helt klart at på den samme måten Gud brukte for å skape fra den første dag etter Adam var kommet, er den samme måten Jesus underviste disiplene om i evangeliene, for å få ting til å skje av overnaturlig karakter.

"Jesus sa: Alt er mulig for den som tror."
(Mark 9, 23)

Tro er et verb, alle verb er handlingsord. Så hva dette sier er: Ta det skrevne Guds Ord, tro det, handle på det - og den Hellige Ånd

vil levendegjøre det. Den Hellige Ånd vil la
det virkeliggjøres i den fysiske verden.

Takk kjære Far,
for at Du viser meg klart Din naturs
trosprinsipper, slik at jeg forstår de og kan
bruke de i dag, som en overgitt disippel til
Deg. Amen.

Daglig gjennombrudd

Radiotale 1982

14. Desember

Troens språk

"Jesus sa: Men Jeg sier dere, at hvert unyttig ord som mennesker taler, skal de gjøre regnskap for på dommens dag."
(Matt 12, 36)

Bibelen sier: "Den som bevokter sin munn, bevarer sitt liv." (Ord 13, 3)

Jakob sa: "Men tungen kan intet menneske temme." (Jak 3, 6)

*"Men hvert menneske være snar til å **høre**, men sen til å **tale**." (Jak 1, 19)*

Mange mennesker mottar ikke det de ber om, for de forstår ikke **samspillet mellom bekjennelse og troens handling,** angående det de har behov for å motta.
Noen av dem som blir helbredet fra sykdom, opplever at smerter og til og med sykdom kommer tilbake i deres legeme.
Helt ubevisst bekjenner vi det vi tror
De fleste lurer da på hvorfor sykdom kan

Daglig gjennombrudd

komme tilbake etter en helbredelse. Dette har med vår bekjennelse, og vår troens holdning til bekjennelsen, å gjøre.

Tro taler alltid om den seieren de har bedt om

Den taler om den, som om den allerede er besvart i den fysiske verden. Det gjør vi før våre sanser registrerer svaret på vår henvendelse til Gud, i Jesu navn.

Noen bekjenner negativt,

fordi svaret ennå ikke har kommet. De bekjenner sykdommen. De tror mer på sykdommen enn de tror på helbredelse fra sykdommen.

"Vi bekjenner med munnen, hva vi tror i hjertet." (Rom 10, 10)

Takk kjære Far,

for de åndelige opplysningene og justeringene jeg får. Dette gjør det så mye lettere for meg å gå videre på denne troens vei, med styrke. Amen.

Radiotale 1982
15. Desember

Vantroens språk

Bibelen sier:
"Det som hjertet flyter over av, taler munnen." (Matt 12, 34)

Ødeleggende bekjennelse og bønner

Noe man kan høre enkelte si, etter at de har blitt bedt for til helbredelse (selv om de har blitt undervist grundig i sannheten om helbredelse), er:

«Husk å be for meg!»

De kan si som følger: «Husk å be for meg, så jeg virkelig kan bli frisk». Hvilken negativ bekjennelse! Betyr ikke Guds Ords løfter noen ting for vedkommende?
Guds Ord i denne sammenhengen sier:

"Legg hendene på den syke - og han skal bli helbredet." (Mark 16, 18)

«Jeg kjenner litt her og litt der, be litt til»

Det er så mange som vil bli bedt for flere ganger. Noen sier også: «Jeg kjenner litt her enda, be litt her også, be litt til».

Daglig gjennombrudd

Andre igjen kan si: «Vi må ta noen krigsrunder».

Den ene vantro bønnen verre enn den andre kommer fram. Her blir kreditten gitt til Satan for hans trofasthet med sykdom, og Guds «upålitelighet» i Ordet. Det bes også bønner som ikke har Skriften på sin side, for å rettferdiggjøre vantroen! Satan liker seg når han hører slikt som dette.

"Nullstiller" effekten av Guds Ord

Det skjer også når mennesker opplever helbredelse og priser Herren for den. Et symptom på sykdommen kan på et tidspunkt vise seg, og så kaster de Guds Ord og løfter over bord. De godtar sykdommen fremfor Guds Ord. Denne sykdomsbekjennelsen "nullstiller" Guds Ords effekt. Guds velsignelser blir hindret når vi lar vår munn tale imot Guds Ord. Hvis en sykdom angriper ditt legeme, gå øyeblikkelig ut med en troens bekjennelse som sier:

"Ved Hans, Jesu sår, har jeg fått legedom."
(Jes 53, 5)

Det er her hele kampen står

Takk Jesus for din fulle helbredelse og utfrielse! Takk Jesus selv om sansene skriker mot deg: «Du er syk!»

Daglig gjennombrudd

Det er snakk om å innta guddommelige kvalitetsvalg og tro på Bibelens Ord. Sykdommen blusser opp igjen, når vi er enige med sansenes bevis. Våre fem sanser har ingen plass i troens og Åndens rike.

La troens språk være ditt språk

Ikke nullstill Guds Ords effekt. Aksepter ikke noe sykdom eller andre problemer fra Satan. Ikke la sansenes vitnesbyrd som forteller deg at du er syk, gå foran Guds Ords vitnesbyrd som sier:

"Ved Jesu sår har du fått legedom."
(Jes 53, 5)

Se på Kristus og hva Han har gjort for deg, tro/handle og bekjenn deretter.

Tren deg opp til å bruke din vilje

Tal troens språk, hjernevask deg på å tale Guds Ord. La ditt liv være styrt av det. Få troen på Guds Ord inn i hele din "værelse" som menneske. Du merker det nok ikke så godt selv, men andre vil merke det på deg. De merker at du har blitt en troens person. En som "vet på hvem du tror". (2 Tim 1, 12)

Takk Kjære Far,
at Du fører meg skritt for skritt inn i troens
rike, hvor jeg kan leve ut Din troens natur i
mitt liv, i alle sammenhenger. Amen.

Daglig gjennombrudd

16. Desember

Troen som vandrer alene   I

Noe som var felles for troens folk i Bibelen, var at de sto alene med sin tro. Skal din tro bygges sterk, må du **alene** vandre med Ham og bli **opplært av Herren personlig,** i overensstemmelse med Bibelen. Den sterke i troen lever alltid i et nært, åndelig fellesskap med Herren. Jeg tar med en del fra Bibelens karakterer.

"Gud sa: For da han ennå bare var en, kalte Jeg ham." (Jes 51, 2)

"På Guds løfte tvilte han ikke i vantro, men ble sterk i sin tro idet han ga Gud æren." (Rom 4, 20)

*"Ved tro var Abraham **lydig** da han ble kalt, så han **dro** ut til det sted han skulle få til arv, og han dro ut uten å vite hvor hen han skulle komme." (Heb 11, 8)*

*"I tro døde alle disse uten at de hadde oppnådd det som var lovet; men **de så det langt borte** og hilste det, og bekjente at de også var utlendinger på jorden." (Heb 11, 13)*

Daglig gjennombrudd

Hvorfor ble Abraham så velsignet?

Han sto alene i troens lydighet, uansett hva hans sanser fortalte ham! Han hadde gjort sitt valg. Det var Gud Jehova og Abraham. Slik vil det alltid være, skal din tro til Gud og Hans Ord bygges sterk, kan du ikke ha noen ved din side. Dette er avgjørelser og arbeid du og Herren må gjøre helt alene. Ser du Guds tros karakter skinne gjennom Abraham? Denne Guds tros karakter, ønsker Gud også skal skinne gjennom deg.

Vi stoler på Deg og opphøyer Deg, Gud Jehova - uansett

Vi forventer øyeblikkelig svar på bønn. Samtidig som vi har gjort det klart for Gud, at uansett hva vi registrerer med våre sanser på denne fysiske jord, så holder vi fast på Hans løfter hele livet igjennom. Uansett. Vi er ikke "trofaste mot Deg bare så lenge vi får noe fra Deg."
Vi er trofaste mot Deg, Gud, fordi Du er den Du er. Du Skaperen av alle ting, hele kosmos og alt langt utenfor. Jeg vet ikke alt Gud Jehova har skapt, men Han er min Far og Skaper, og jeg opphøyer Han i all evighet for det.
Din personlige tro må bygges "klippefast" deg og Gud imellom. Det er **troens treningsleir** du må komme igjennom, med glimrende resultat. Det er ingen annen vei.

Daglig gjennombrudd

Kjære Far i himmelen,
jeg takker Deg for at Du viser meg så klart
at det er Deg alene jeg skal tjene av et helt
hjerte, og ingen andre. Det er Du som skal
styre alt jeg gjør i livet. Min tro blir aldri
slik Du vil ha den i meg, hvis jeg ikke
vandrer i troens lydighet, men det ønsker
jeg. Amen.

17. Desember

Troen som vandrer alene   II
Han hadde ingen hjelp, han sto alene på Guds Ord hele veien

"Ved tro bygget Noah en ark." (Heb 11, 7)

"Gud sa: Gjør deg en ark...
Og Noah gjorde så; han gjorde i ett og alt
som Gud hadde befalt." (1 Mos 6, 14.22)

Noah sto alene med Gud

Noah hadde ingen troens støtter, han sto i tro **alene** hele veien. Familien til Noah støttet seg til ham, i hans trosprosjekt i samarbeid med Gud. Noah brukte 120 år på å bygge arken. Kan du tenke deg hvordan Noahs tro ble "klippefast"? Tenk alle de negative, ondskapsfulle menneskene som trakkasserte Noah og hans familie i alle disse årene! Men Noah og familien stolte på Guds løfte.

"Og Herren lukket etter ham, Noah ...
Da kom vannflommen strømmende over
jorden i 40 dager, og vannet vokste og løftet
arken, og den ble hevet over jorden" *(1 Mos*
7, 16-17)

"For Han er trofast som ga løftet."
(Heb 10, 23)

Troens tålmodighet koster mye trening i det åndelige treningsstudioet
Tenk deg hvilken **troens tålmodighet** som vokste fram gjennom 120 år i prøvelser, før Gud Jehova lukket døren til arken og vannflommen kom (bønnesvaret)! Gud beseglet bønnesvaret da Han lukket døren til arken. Tenk deg den åndelige krigen som hadde angrepet Noahs tanker i alle de årene som hadde gått. Men hans tro vokste og vokste, han hadde valgt med sitt viljeliv å stole på Guds løfte. **Dette ble en ny start for menneskeheten!**
Troen som vandrer alene – det vil også være din troens vandring, hvis du vil ha din tro sterk i Herren.

Kjære Far i himmelen
Jeg ser at disse som var troen lydig, vant
seieren på flere områder. De vant enorme
seiere utad, men de vant også enorme seiere
innad i sine egne liv. Det ser jeg også Noah
gjorde. Takk at Du er med meg i
vandringen, så jeg kan fullføre løpet og
vinne seiere også innad i mitt eget liv, til
Din ære. Amen.

18. Desember
Troen som vandrer alene
III

"Da sa Herren til Josva: Se, Jeg har gitt Jeriko med kongen og de djerve stridsmenn i din hånd.
Og Josva bød folket og sa: Dere skal ikke oppløfte hærrop og ikke la deres røst høre; det skal ikke gå et ord ut av deres munn før den dag jeg sier til dere: Rop nå! Da skal dere rope." (Josva 6, 2.10)

Josva måtte vandre i tro på Guds løfte - alene
Han kunne ikke diskutere saken med noen. Ingen fikk snakke, før dagen de skulle innta Jeriko. Hadde folket snakket med Josva i disse dagene før de tok byen, kunne det ha kommet så mye **sanselig** relatert snakk, at troen hadde forlatt Josva.

I Herrens treningsleir
Det å vandre med Gud alene, kommer ingen noensinne utenom - hvis de vil bli sterke i Herren. Hvis du ønsker å bli en troens kjempe for Gud, så kan du bli det.

Daglig gjennombrudd

Men da blir din vandring alene i Herrens treningsleir.

Prisen kan bli enda høyere

Hvis man vil oppleve sterke ting med Gud og ikke er villig til å betale prisen for det, kan prisen bli enda høyere. Du vil ikke klare å takle situasjonene du kommer ut for i kampens hete. Dette blir som å være i U.S. Marines, der er det hard trening i lang tid først. Og så videre testing, for å se om du er brukbar nok til å bli sendt i feltet. Er du ikke brukbar nok når du møter fienden, så tar fienden deg i stedet. Du vil ikke klare å utføre oppdraget.

I fronten vil du møte så mange uforutsigbare ting. Du vil møte andre kulturer, religioner og folkeslag. Du blir konfrontert med hva du står for. Våger du da å stå for det du mener, midt opp i ansiktet på fienden?

Frykt ikke, bare tro

"Men som Jesus sa: Frykt ikke, bare tro!"
(Mark 5, 6)

Er du der, så går det igjennom. Det er dette som er Herrens treningsleir som du må igjennom. Nettopp for å bli klar for oppgavene som Markus 16, 15-18 taler om -

Daglig gjennombrudd

misjonsbefalingen. Den gjelder oss alle, uten unntak.

Kjære Far i himmelen

Det legges ingenting imellom. Det er harde fakta på bordet, når det gjelder å nå verden med evangeliet, slik at Du kan komme tilbake. Jeg ser klart, at blir jeg ikke prøvd på den bestemte måten, så vil jeg ikke klare å seire i krigen der ute hvor fienden er. Men der Du vil ha meg, Herre, der vil jeg være. Jeg er klar til å bli utrustet til oppgaven der Du vil ha meg. Amen.

Daglig gjennombrudd

Radiotale

19. Desember

Innta bevisst din mottagerposisjon I
(Dette tar jeg over 2 dager).

Hvorfor er det så mange som ikke får det de ber om?

*"Og dette er den frimodige tillit som vi har til Ham, at **dersom vi ber om noe etter Hans vilje,** da hører Han oss.*

*Og dersom vi **vet** at Han hører oss, hva vi så ber om, **da vet vi at vi har de ting vi har bedt Ham om.**" (1 Joh 5, 14)*

Jeg deler dette verset i 3 punkter:
I   Dersom vi ber om noe etter Hans vilje.
II Dersom vi vet at Han hører oss.
III Da vet vi at vi har de ting vi har bedt Ham om.

I
Hvordan kan vi med sikkerhet vite Guds vilje i enhver situasjon?

Daglig gjennombrudd

Det kan vi fordi Jesus sa:

*«For Jeg er kommet ned fra himmelen, ikke
for å gjøre Min vilje, men for å gjøre Hans
vilje som har sendt Meg." (Joh 6, 38)*

Jesus er Guds fullkomne vilje – Jesus er Ordet!

II
Hvordan kan vi vite at Han hører oss?
Guds Ord forklarer oss det:

*"Herren hører når jeg roper til Ham."
(Salme145, 19)*

Hvordan skal vi vite at vi har de ting vi har bedt Ham om?
Jo, fordi du har lært deg måten å gå fram på
gjennom Guds Ord, **Guds fullkomne vilje.**
Som du forstår, har **alt sin begynnelse og
ende i Guds Ord.**
Ordet er Gud – Gud er skapende og evig –
Ordet er Guds vilje, skapende og evig.

Takk kjære Far,
at gjennom åpenbaringene blir Ordet stadig
klarere for meg. Amen.

Radiotale 1982
20. Desember

Innta bevisst din mottagerposisjon II

"Jesus sa: Hvis dere blir i Meg og Mine Ord blir i dere, da be om hva dere vil og dere skal få det." (Joh 15, 7)

Vi deler dette verset også opp i tre deler:

I
Hvis dere blir i Meg
Hva betyr dette? Det betyr at du lever et overgitt liv til Kristus. Han er din Herre. Du er født på ny. Hør:

"Alt det som er født av Gud seirer over verden, og dette er den seier som har overvunnet verden, vår tro." (1 Joh 5, 4)

Guds tro er født inn i deg, og du er en Jesu disippel. Ordet er det du lever etter.

Daglig gjennombrudd

Bibelen sier:

"Liksom dere altså mottok Jesus Kristus som Herre, så vandre i Ham, vandre i Ordet." (Kol 2, 6)

Vi forblir i Ham.

II
Mine Ord blir i dere

"Jesus sa til dem: Er det ikke derfor dere farer vill, fordi dere ikke kjenner Skriftene og heller ikke Guds kraft?" (Mark 12, 24)

De hadde bare teologisk kunnskap, ingen kjennskap til Ordet, til Jesus.

*"Paulus sa: Så jeg kan få **kjenne Ham** og kraften av Hans oppstandelse og samfunnet med Hans lidelser." (Fil 3, 10)*

Paulus hadde kunnskap som teolog, men han måtte ta Ordet i sin ånd, som jeg har talt om tidligere. Bevare Ordet dypt i vårt hjerte, sjel/ånd. (Ord 4, 20)
Hans Ord blir i oss.

Vi blir i Ham – og Hans Ord blir i oss
Gud er en Gud for mennesker – vi er mennesker for Gud. Vi er ett med Ham.

Daglig gjennombrudd

Hans tanker er våre tanker – Hans følelser
er våre følelser – Hans vilje er vår vilje.
Vi har kommet i posisjon for å motta.

III
Motta:
(Dette ligger under radiotalen: Hvordan be
og motta?)

Kjære Fader
Jeg takker deg Fader for den styrken ditt ord
bygger opp i meg og den troens styrke det
gir meg. Takk for styrken til å tro/handle på
ditt skrevne ord og opplever oppfyllelsen av
det i den fysiske verden som det gir meg.
Ditt ord er livet, fordi du er ordet, amen.

Daglig gjennombrudd

Radiotale 1983

21. Desember

(Dette går over 2 dager)

Hvordan be og motta?   I

"Jesus sa: Dersom dere blir i Meg, og Mine Ord blir i dere - da be om hva dere vil, og dere skal få det." (Joh 15, 4)

Det viktigste

Vi ser at det viktigste i forbindelse med å motta bønnesvar fra Gud, er at vi lever et overgitt liv til Jesus, at Jesus er **Herre** i våre liv. Det andre er at Guds Ord blir **i oss.** Det betyr at vi må fylle vårt sinn med Guds Ord og forvente at Gud ved den Hellige Ånd, skal levendegjøre/åpenbare Skriftene for oss. Etter hvert som Herren åpenbarer Skriftene for deg, øker din tro dramatisk, på de områder hvor Han åpenbarer Ordet for deg. Det er også på denne måten Gud leder våre liv.

Det å be, er å be om en ting på den måten som gjør at vi mottar det vi ber om.

Det hele er ganske så logisk. Her må **åndelige lover** følges for å oppnå resultat,

Daglig gjennombrudd

på samme måte som fysiske lover må
holdes for å motta et fysisk resultat.

*"Til Jesus, mellommannen for en ny pakt,
og til det rensende blod som taler sterkere
enn Abels blod." (Heb 12, 24)*

Guds Ord angående Jesu seier på Golgata
kors, må være levende, må være åpenbart i
oss. Vi må tro det. Når din tro er kommet på
dette nivået, gjennom det som det
foregående vers forklarte (Joh 15, 4), da er
du klar.

Bønn til Faderen i Jesu navn

*"Faderen skal gi dere alt dere ber Ham om
i Mitt navn." (Joh 15, 16)*

*"Jesus sa: Hva to blir enige om å **be
Faderen om i Mitt navn**, skal de få."
(Matt 18, 19.20)*

Å be til Faderen i Jesu navn, er blant alle
velsignelser som er blitt våre ved Jesu
fullkomne seier på Golgata. (5 Mos 28, 1-15
2 Mos 23, 25.26) (Les alle versene). Her
står det nøyaktig forklart, slik at du får se
Faderen er med deg i alle ting du foretar deg
i dagliglivet. **Gud er interessert i det,
velsigner det og forøker det, når du**

Daglig gjennombrudd

kommer til Faderen i Jesu navn.
Selvfølgelig gjelder dette også for
helbredelse og utdrivelse av onde ånder,
(men vi har noe mer spesifikt angående
akkurat de sakene).

Takk kjære Far,
at jeg kan komme til Deg i Jesu navn med
alle ting som vedrører mitt liv. Takk for at
Din velsignelse gjelder hele mitt liv, alt jeg
tar meg fore som en overgitt, gjenfødt
kristen. Amen.

Daglig gjennombrudd

Radiotale 1983
22. Desember

Hvordan be og motta?   II
(I dag kommer jeg innpå den mer spesifikke
bønnen. Bønn direkte i Jesu navn).

Bønn i Jesu navn
"Jesus sier: Og disse tegn skal følge dem
som tror (de som er i Ordet og Ordet i dem)
I Mitt navn, I Jesu navn *skal de drive ut*
onde ånder. De skal tale med tunger,
de skal ta slanger i hendene, og om de
drikker noe giftig, skal det ikke skade dem,
på syke skal de legge sine hender og de skal
bli helbredet."   (Mark 16, 17.18)

"Se, Jeg har gitt dere makt til å trå på
slanger og skorpioner og over alt fiendens
velde, og ingenting skal skade dere."
(Luk 10, 19)

"Han, Jesus, avvæpnet maktene og
myndighetene, og stilte dem åpenlyst til
skue, idet Han viste Seg som seierherre over
dem, Satan og demonene, på korset."
(Kol 2, 15)

Daglig gjennombrudd

Her er kjernebønner i Jesu navn, Jesu
fullbrakte verk på Golgata kors, over alt
fiendens velde. Her ser vi strategibønnene.
Utdrivelse av de onde ånder og helbredelse
av de syke. Ja, alle de åndelige verktøyene
vi har blitt gitt. (Vi kan lese om dem i 1 Kor
12, hele kapitlet).

Takk Far i himmelen,
at Du nå har åpenbart en grei oversikt over
disse ting, som igjen gjør min tro sterkere -
og jeg blir mer målrettet i min bruk av Din
seier. Amen.

Radiotale 1983

23. Desember

Eksempler på bønn og proklamasjon i Bibelen

I Jesu navn

"Peter sa: Det jeg har, det gir jeg deg, i Jesu Kristi navn, stå opp og gå!" (Apg 3, 6)

Proklamasjon av et faktum.

Proklamasjon i Jesu navn

Her ser vi en proklamasjon i Jesu navn av et faktum. Jesus hadde gitt Peter denne måten å gjøre det på. Den samme måten å gjøre det på, er også gitt oss. Jeg har alltid brukt de sterke, frimodige proklamasjonene av Jesu-navnet over hele verden. Og Jesu-navnet virker hver gang.

Da jeg hadde disse radioprogrammene, hadde jeg vært en kristen i 8 år, og reist i 5 år, i flere verdensdeler - med proklamasjonen i Jesu navn. Jeg synes det er fint å dele med dere fra disse programmene, til inspirasjon.

Daglig gjennombrudd

I Jesu navn

«Og Peter sa til ham: Ænas, Jesus Kristus helbreder deg, stå opp og re selv din seng!» Og straks sto han opp». (Apg 9,34)

Han proklamerte og befalte på et faktum.

Den grunnfestede makt

"Jeg Jesus, har gitt dere makt til å trå på slanger og skorpioner og over alt fiendens velde, og ingenting skal skade dere."
(Luk 10, 19)

"En orm krøp ut på grunn av heten, og bet seg fast i Paulus hånd, han rystet dyret av seg inn i ilden, og hadde ikke noe men av det. Men de ventet at han skulle hovne opp eller falle død om med det samme."
(Apg 28, 3-6)

"Han grunnfestet en makt for Sine motstanderes skyld, for å gjøre ende på fienden og den hevngjerrige." (Salme 8, 3)

Du må motta
"Hver den som ber, han får (mottar, gresk)." (Matt 7, 7)

Daglig gjennombrudd

Nå vet du hvordan du skal be. Gud gir deg det som allerede er gjort – men du må motta

Motta er et verb. Et verb er alltid et **handlingens ord.** Du må ta imot det Gud gir, enten direkte i bønn til Faderen, eller i Jesu navn. Ved ikke å ta imot i tro, stenger du for at ditt bønnesvar skal bli en realitet. Når du har bedt ifølge Guds Ord, så ta imot - sett ut i praktisk handling det du har bedt om.

"Guds Ord står evig fast." (Salme 119, 89)

"For likesom legemet er dødt uten ånd, så er også troen død uten gjerninger (handlinger)." (Jak 2, 26)

"Hver den som ber, han mottar." (Matt 7, 8)

Takk kjære Fader i himmelen,
for disse meget oppklarende troens opplysninger i åpenbaring. Jeg ser og opplever at disse åpenbaringsord, gir meg ly, styrke og sterkere tro til å gå ut i proklamasjonen av Ditt Ord. Amen.

Daglig gjennombrudd

Radiotale 1983
24. Desember
Hva velger du å bekjenne?
I

Hva slags fundament velger du for din tro?
Du er født på ny – men har du gitt din tro
noe fundament?

*"Paulus sier: Vandre i Ånden, så skal dere
ikke fullbyrde kjøttets (sansenes)
begjæringer.*

*For kjøttet (sansene) begjærer imot Ånden,
og Ånden imot kjøttet (sansene), de står
hverandre imot."* (Gal 5, 16.17)

**Du har to valgmuligheter for hva du vil
velge å bekjenne** De
to valgmulighetene du har, vitner imot
hverandre.

Du Har **sansenes vitnesbyrd**: De er hva du
ser, hører, lukter, føler og smaker.
Og du har **Guds Ords vitnesbyrd**: Som da
er Åndens vitnesbyrd.

Guds vitnesbyrd, Åndens vitnesbyrd, den Hellige Ånds vitnesbyrd og Ordets vitnesbyrd er det samme.
Et eksempel fra Bibelen, som er helt typisk for mennesker i dag:

"Jesus sier: Ta steinen bort Martha, den dødes søster sier til ham: Herre, han stinker allerede, for han har ligget i fire dager. (Fortsettelse i morgen).

Takk kjære Jesus,
for disse åpenbaringens forklaringer. Jeg opplever at de gjør alt lettere og mer optimistisk for meg i mitt kristenliv. Takk Jesus at Du bryr deg om meg. Amen.

Daglig gjennombrudd

Radiotale 1983
25. Desember

Hva velger du å bekjenne?
II

Hvilken bekjennelse valgte Martha?
Hun valgte **sansenes** vitnesbyrd, fremfor Guds Ords vitnesbyrd som sa: "Ta steinen bort Martha."

Sansenes vitnesbyrd vil aldri gi Gud æren.
Et eksempel: La oss si en kvinne ble helbredet fra kreft. Gud gjorde et mirakel, og mennesker så at det skjedde.
Sansekunnskaps-mennesker sier: «Det trenger ikke ha vært kreft». Andre igjen sier: «Det var kanskje tidspunktet hun skulle bli frisk. Den krefttypen der trekker seg tilbake».
Det eneste vi kan gjøre med **sansekunnskap,** er å bryte den ned med **åpenbaringskunnskap,** som er det levendegjorte Guds Ord - altså åpenbaring fra Gud.

Daglig gjennombrudd

La Guds Ord innta plassen - i stedet for sansekunnskapen, i din personlighet/sjel.

Se på kontrasten mellom disse to versene:

"Forbannet er den som setter sin lit til mennesker og holder kjøttet for sin arm (gjør sansekunnskap til sin styrke), og hvis hjerte viker fra Herren.

Velsignet er den mann som stoler på Herren (på Guds Ord) og setter sin lit til Ham."
(Jer 17, 5-7)

Sansekunnskaps tro: Er rettet mot hva mennesket er, kan og gjør. Åpenbarings tro: Er rettet mot Guds Ord, som er og blir.
Hør hva Jesus sa til Martha, da hun valgte sansenes vitnesbyrd:

«Dersom du tror, skal du se Guds herlighet!»

Eller vi kan si det slik: Dersom du gjør i praktisk handling som Guds Ord sier, skal du se Guds herlighet.

Hva velger du å bekjenne?
En sansenes bekjennelse, som garanterer nederlag?

Daglig gjennombrudd

Eller:
En troens bekjennelse? Du tror Guds Ord,
du bekjenner Guds Ord opp i ansiktet på ditt
problem - og handler på Ordet.

*"Vær derfor Gud (Guds Ord) undergitt, stå
Satan imot, og han **skal** (ikke kanskje) fly
fra dere." (Jak 4, 7)*

Takk kjære Fader
Jeg trodde aldri jeg skulle komme så langt
gjennom åpenbaring av min tros forståelse i
Ditt Ord. Jeg kjenner min tro vokser i denne
åpenbaringens periode. Amen.

Daglig gjennombrudd

Radiotale 1983
26. Desember

Elsk din neste som deg selv

"Gud viser Sin kjærlighet mot oss derved at Kristus døde for oss, mens vi ennå var syndere." (Rom 5, 8)

"For så har Gud elsket verden, at Han ga Sin Sønn den enbårne, for at hver den som tror på Ham ikke skal fortapes, men ha evig liv." (Joh 3, 16)

Guds store drøm brast
Gud hadde den store drømmen, om et fullkomment kjærlighetsforhold mellom Seg og Sin skapning, mennesket (1 Mos 1, 26). Men drømmen brast, ved menneskets ulydighet imot Gud (1 Mos 3, 6). Deres ulydighet mot Gud, er det vi kaller syndefallet. Gud kunne ikke tolerere synden, så mennesket og Gud ble adskilt. Guds store drøm brast.

Daglig gjennombrudd

Gud drømte videre

*"Han reiser den ringe av støvet, løfter den
fattige av skarnet for å sette ham hos fyrster
og gi ham et ærefult sete; for Herren hører
jordens støtter til, og på den har Han
bygget jorderiket." (1 Sam 2 8)*

*"Herren er opphøyet over alle hedninger,
Hans ære er over himmelen.*

*Hvem er som Herren vår Gud, Han som
troner så høyt,*

*som ser så dypt ned, i himmelen og på
jorden,*

*som reiser den ringe av støvet, opphøyer
den fattige av skarnet."
(Salme 113, 4-7)*

*"Han som da Han var i Guds skikkelse, ikke
aktet det for et rov å være Gud lik, men av
Seg selv ga avkall på det og tok en tjeners
skikkelse på Seg, idet Han kom i
menneskers lignelse.*

*Og da Han i Sin ferd var funnet som et
menneske, fornedret Han Seg selv, så Han
ble lydig inntil døden, ja korsets død." (Fil
2, 6-8)*

Daglig gjennombrudd

287

Gud reddet mennesket igjen - i Sin sønn Kristus Jesus
Gud beviser Sin guddommelige kjærlighet, ved Sitt nådes verk for menneskeheten - som startet i stallen i Betlehem og ble avsluttet da Jesus ble opprykket til himmelen etter misjonsbefalingen var gitt. (Mark16, 15-20)

"Gud er kjærlighet." (Joh 4, 8)

Gud kunne ikke gi annet enn det Han "er" og "har" – slik er det også med deg og meg. Det vi "er" og "har" kan vi gi videre.

"Dere elskede, har Gud elsket oss, da er vi skyldige å elske hverandre.

*Ingen har noensinne sett Gud. **Dersom vi elsker hverandre**, blir Gud i oss, og **kjærligheten til Ham er blitt fullkommen i oss.**" (1 Joh 4, 11-12)*

I den grad du elsker andre, elsker du Gud.

"Du skal elske Herren din Gud av hele ditt hjerte, og av all din sjel og av all din forstand.

Dette er det største og det første bud.

Daglig gjennombrudd

*Men det er et annet som er likeså stort. Du
skal elske din neste som deg selv."*
(Matt 22, 37-39)

**Dette vil da igjen si: Elsker du Gud, så
elsker du deg selv. Elsker du deg selv, så
elsker du din neste.**

Dette er åndelige lover som fungerer.

Takk kjære Fader,
for den store kjærlighet Du har til oss
mennesker. Og for at Du viser meg klart
hvordan kjærligheten fungerer. Takk for at
den guddommelige kjærligheten er rådende
i mitt liv. Amen.

Radiotale 1983
27. Desember

Gud har ingen favoritter

"Peter sa: Jeg skjønner i sannhet at Gud ikke gjør forskjell på folk."(Apg 10, 34)

Åndelig mindreverdighets kompleks
Mange kristne har åndelige mindreverdighets komplekser. De er inneforstått med at Gud kan bruke andre, men ikke dem. For sin egen del mener de at det er så mye som må "ordnes" før Gud kan bruke dem - og det går ikke …
Hvis du skal "ordne opp" først, det du mener er til hinder for at Gud skal kunne bruke deg - da vil Satan sørge for at fordømmelsen mellom deg og Gud blir permanent.
Du vil aldri oppleve seier så lenge du har det på denne måten.

Bibelen sier:

"For våre brødres anklager er kastet ned."
(Åp 12, 10)

Daglig gjennombrudd

*"Så er det da **ingen fordømmelse** for den som er i Kristus Jesus."* *(Rom 8, 10)*

"For Gud ga oss ikke motløshets ånd, men krafts, kjærlighets og sindighets Ånd."
(2 Tim 1, 7)

Dette er sannheten om din stilling, der du er nå

Satan prøver alt han kan for å slå deg "av pinnen". Han hater å se deg som en Guds mann og kvinne, som Han har skapt deg til å være. Aksepter ikke lenger Satans tale til deg, om hvor dårlig det står til. Du er Guds ypperste skapning, Gud har store planer med deg! Planen for ditt liv ligger og venter på deg. Det venter på deg og alle andre.

"Fred etterlater Jeg dere, Min fred gir Jeg dere; ikke som verden gir, gir Jeg dere. Deres hjerte forferdes ikke og reddes ikke!"
(Joh 14, 27)

"Gud gjør ikke forskjell på folk."
(Apg 10, 34)

Takk kjære Far,
at jeg er like verdifull som andre, for det
sier Ditt Ord. Jeg nekter å høre på den
negative, urolige stemmen i min tanke, som
sier jeg ikke er noen ting - for jeg er like
verdifull som alle andre mennesker. Amen.

Daglig gjennombrudd

Radiotale 1983
28. Desember

Ha tro på din egen tro

Tillit til sin egen tro
Tenk å ha tillit til sin egen tro! Mange kristne går rundt og har liten tro på seg selv, liten tro på et seirende kristenliv og at Gud kan bruke dem. Dette er jo en forferdelig stilling å stå i livet med. Hvis de stoler på noens tro, så er det andres tro. **Hvis de ber, så er det gjentagelse av ord, ikke troens bønn.**

"Så kommer da troen av forkynnelsen, og forkynnelsen ved Guds Ord." (Rom 10, 17)

Det er her det hele starter, for å få tro på sin egen tro.
Det er Guds vilje, at alle gjenfødte kristne skal ha tro på sin egen tro.
Din tro er **født av Gud i deg,** når du har blitt født på ny.

"Alt det som er født av Gud seirer over verden, og dette er den seier som har seiret over verden, vår tro." (1 Joh , 4)

Daglig gjennombrudd

Her står du etter du har blitt født på ny. Men denne troen må utvikles og det gjør den gjennom Guds Ord.

"Jesus sier: Disse tegn skal følge den som tror, i Mitt navn, i Jesu navn, skal de drive ut onde ånder, de skal tale med tunger.

De skal ta slanger i hendene, og om de drikker noe giftig, skal det ikke skade dem, på syke skal de legge sine hender, og de skal bli helbredet." (Mark 16,17.18)

Dette var da voldsomt tenker du. Ja, det er voldsomt. Men slik er sannheten. Dette kan du gjøre som en gjenfødt kristen, døpt i den Hellige Ånds kraft. (Apg 1, 8)

Mulighetene i ditt liv er ubegrensede i Kristus Jesus.

Ha tro på din egen tro!

Kjære Far i himmelen

Det er som hemmelige rom med skatter,
som for meg aldri tidligere har vært åpnet,
som nå åpner seg opp for meg. Jeg behøver
ikke bøye meg for en eneste negativ Satans
tanke, men kun akseptere Dine tanker.
Ordets tanker som alle er positive,
oppløftende, kreative, kjærlighetsfulle, viser
meg veien jeg skal gå og vil meg bare det
beste. Takk for at Du har gitt meg troen på
meg selv, troen på Deg i meg. Amen.

Daglig gjennombrudd

Radiotale 1983
29. Desember

Se din posisjon som Guds beste

"For vi er Guds medarbeidere; dere er Guds åkerland, Guds bygning."(1 Kor 3, 9)

Tenk på det, du som kanskje har følt deg unyttig som en gjenfødt kristen. Bibelen sier du er en Guds medarbeider!
Når vi begynner å se oss slik vi er - da er seieren nær.
Det er hemmeligheten som må bli åpenbart for deg, og den blir det nå. Vi ser oss ikke i "verdens speil", vi speiler oss i Guds Ord. Den viser oss hvordan vi er innvendig og utvendig.

"Så er dere ikke lenger fremmede og utlendinger, men dere er de helliges medborgere og Guds husfolk." (Ef 2, 19)

"For vi er Guds verk, skapt i Kristus Jesus til gode gjerninger (handlinger), som Gud

Daglig gjennombrudd

*forut har lagt ferdige, for at vi skulle vandre
i dem (utføre dem)." (Ef 2, 10)*

**En skulle tro dette bare var en drøm,
men dette er Guds realiteter for deg.**

Hør hva Jesus sa:

"Meg er gitt all makt i himmel og på jord.

*Gå derfor ut og gjør alle folkeslag til
disipler, idet dere døper dem til Faderen,
Sønnen og den Hellige Ånds navn,*

*og lærer dem å holde alt Jeg har befalt
dere. Og se, Jeg er med dere alle dager
inntil verdens (kosmos) ende!"*
(Matt 28, 18.19)

Jesus talte i størrelser av virkelighet, som
Hans etterfølgere var i stand til å utføre. Det
gjelder deg og alle andre. Jesus har gitt oss
alle nødvendige ressurser i Sitt
forsoningsverk på Golgata kors, til å kunne
utføre denne oppgaven. Du er mye større på
innersiden enn du er på yttersiden. Se hvem
du er, du er Guds beste.

Daglig gjennombrudd

Dette kan du gjøre:

*"Og Jesus sa til dem. Gå ut i all verden og forkynn evangeliet for all skapningen. Og disse tegn skal følge den som tror (det er deg som en gjenfødt kristen), i Mitt navn skal de drive ut onde ånder, de skal tale med tunger. De skal ta slanger i hendene, og om de drikker noe giftig, skal det ikke skade dem; på syke skal de legge sine hender, og de skal bli helbredet. Men **de gikk ut** og forkynte Ordet allesteds, og **Herren virket med** og stadfestet Ordet ved de tegn som fulgte med."* (Mark 16, 17-20)

Ser du? Fra å ha gitt opp det meste – til å bli Guds beste – dette er deg!

Takk kjære Far,
for at Du åpenbarer Skriftene for meg, så jeg forstår Dine virkeligheter om meg og alle som er rundt meg. Takk at jeg med frimodighet kan tro at i Deg er jeg Guds beste. Amen.

Daglig gjennombrudd

Radiotale 1983

30. Desember

Du er skapt for en livsstil i storhet

"Hos Meg er **rikdom** *og* **ære***, gammelt arvegods og* **rettferdighet***." (Ord 8, 18)*

I

"Han, Kristus, som da Han var i Guds skikkelse, ikke aktet det for et rov å være Gud lik.

Men av Seg selv ga avkall på det, og tok en tjeners skikkelse på Seg, idet Han kom i menneskers lignelse.

Og da Han i Sin ferd var funnet som et menneske, fornedret Han Seg selv, så Han ble lydig inntil døden, ja korsets død."
(Fil 2, 6-8)

"Kristus kjøpte oss fri fra lovens forbannelse, idet Han ble en forbannelse for oss. For det er skrevet: Forbannet er hver den som henger på et tre. For at Abrahams

Daglig gjennombrudd

velsignelse kunne komme over hedningene i Kristus Jesus." (Gal 3, 13)

*"For dere kjenner vår Herre Jesu Kristi nåde, at Han for deres skyld ble fattig da Han var rik, for at dere ved Hans fattigdom skulle bli **rike**." (2 Kor 8, 9)*

Kristus ga avkall på alt – for at vi skulle få alt

II

"Den som tror på Ham, Jesus, skal aldri bli til skamme.

***Dere som altså tror**, hører **æren** til..." (1 Pet 2, 6.7)*

Han, Kristus, lot Seg ydmyke og vanære for din skyld – fora at du skulle ha ære.

"Kristus er Guds rettferdighet." (Rom 3, 22)

"Han som ikke visste av synd, Han ble gjort til synd for oss (deg og meg), for at vi i Ham skal bli rettferdige for Gud." (2 Kor 5, 21)

Gud ser deg rettferdig – Gud ser deg fullkommen.

Daglig gjennombrudd

Vi er rike - vi har ære - vi er rettferdige - tenk, hvilken type mennesker vi er!
Vårt liv har blitt et liv i storhet - vi har blitt «kongerike-mennesker». Mennesker med et målrettet liv. Alt vi sier, sier vi med en hensikt. Alt vi gjør, gjør vi med en hensikt, Guds hensikt. Som Jesus gjorde, gjør vi.

Religioner sier: Du er ikke god nok, smart nok, du har ikke bakgrunn nok, du er ikke gammel nok. Bibelen sier: **Det er fullbrakt! Det er nok for deg.**

I Vi har alt i Ham

"Og gi deres hjerte (ånd) opplyste øyne, så dere kan forstå hvilket håp det er Han har kalt dere til, og hvor rik på herlighet Hans arv er blant de hellige (de gjenfødte troende).

Og hvor overvettes stor Hans makt er i oss som tror, etter virksomheten av Hans veldige kraft." (Ef 1, 18)

II Du er et «kongerike-menneske» med ære

Og Gud skapte mennesket i Sitt bilde, i Guds bilde skapte Han det, til mann og kvinne skapte Han dem.

Daglig gjennombrudd

Og Gud så på alt det Han hadde gjort, og
se, det var såre godt." (1 Mos 1, 27 og 31)

Vi er Guds ære.

Takk kjære Far,
for at vi som ikke "i oss selv var noe", og
ikke så noe utgang på livet, men i Deg så
vet vi at vi er "mye mer enn noe" her i livet.
Og vi har evigheten i vente, i ære og
herlighet, etter utgangen av dette livet.
Amen.

Daglig gjennombrudd

Radiotale 1983
31. Desember

Djervhet

"Den rettferdige er trygg som ungløven (gresk: frimodig, djerv, fryktløs)."
(Ord 28, 1)

"Peter sa: Det være tydelig for dere alle og for hele Israels folk, at ved Jesu Kristi Nasareerens navn, Han som dere korsfestet, Han som Gud oppvakte fra de døde - ved Ham står denne helbredet for deres øyne."
(Apg 4, 9)

Peter står fram
Her ser vi Peter frimodig står frem for de samme som stilte ham for det høye råd og kastet ham i fengsel.
Peter brukte den frimodighet og djervhet han hadde.

Paulus ba menigheten i Efesus om forbønn

Daglig gjennombrudd

"Paulus sa: Be også for meg, at det må gis meg ord når jeg opplater min munn, så jeg med **frimodighet/djervhet***, kan kunngjøre evangeliets hemmelighet."* (Ef 6, 19)

Paulus ba ikke om forbønn for djervhet - men for at ord skulle gis ham. Han ba heller ikke om mer tro. For tro og djervhet hadde han, og det visste han.

Peter og Johannes

"Men da de så Peter og Johannes **frimodighet,** *og fikk vite at de var ulærde menn, undret de seg."* (Apg 4, 13)

"Da de ble løslatt fra fengselet, kom de til sine egne og fortalte alt. Da de hørte det, løftet de sanndrektig sin røst til Gud." (Apg 4, 23.24)

Vi må våge, tørre å proklamere evangeliets sannheter - det gir resultater. Religiøse mennesker er redd for djerve vitner, og sier ofte: «Du må huske på å være viselig». Kristus, Han er vår visdom.

Djervhet produserer tre ting primært: Tegn, under og mirakler

"Paulus gikk da inn i synagogen og talte frimodig i 3 måneder.

Og usedvanlige kraftgjerninger gjorde Gud ved Paulus hender." (Apg 19, 8)

Du ser at ord som "frimodighet, djervhet, tør å gjøre" blir brukt om og om igjen.

"Djerv som ungløven..." (Ord 28, 1)

*"Paulus sier: Men at Kristus, som alltid, så også nå, med **all frimodighet/djervhet**, skal bli **forherliget** ved mitt legeme enten det blir ved liv eller død." (Fil 1, 20)*

Takk kjære Far,

at det er Du som utruster til kamp i tjeneste for Ditt rike. La meg få være djerv i min tjeneste for Deg, slik at mange kan oppleve Deg gjennom mitt liv fram mot Ditt komme. Amen.

Daglig gjennombrudd

Daglig gjennombrudd

Nye Bøker av Tom Arild Fjeld:

Kraften vinner krigen
Få lausbikkja ut
Den skjulte verden
"Dressa opp for seier"
En kriger for Kristus
Slagkraft i åndens verden
Seier over Satan
Daglig gjennombrudd 1
Daglig gjennombrudd 2
Daglig gjennombrudd 3

Tidligere utgitte bøker:

Hvordan motta frelsens mirakel (utgitt på
flere språk)
Hvordan motta helbredelsens mirakel
Mer enn en overvinner
På barrikaden
Nøkkelen til alt - tro
Virkelig fri

Daglig gjennombrudd

Daglig gjennombrudd

Tom Arild Fjeld

har reist over hele verden og forkynt evangeliet siden han var en ung mann. De siste årene har han skrevet mange bøker. Aktuelle bøker for den tiden i historien vi lever. Følg med på sosiale medier, kristne TV-stasjoner og aviser, og se hvor han har møter og undervisning. Vær gjerne med og støtt tjenesten regelmessig økonomisk, eller bli en praktisk partner i den.

Følg sidene www.BrotherTom.org , Tro & Visjon på Facebook og www.twitter.com Ta kontakt på Facebook eller www.tomarildfjeld@gmail.com

Misjonsmenigheten Tro & Visjon Konto nr. 0532.37.94229

Daglig gjennombrudd

Daglig gjennombrudd